Murad Wilfried Hofmann (Hrsg.)
Muhammad Sameer Murtaza (Hrsg.)
Mahdi Esfahani
Büsra Yücel
Islamische Philosophie
Band 2:
Islamische Philosophie im Konflikt –
von Al-Razi und Al-Farabi bis Ibn Miskawai

Im Namen Gottes, des Erbarmers, des Barmherzigen

Murad Wilfried Hofmann (Hrsg.)
Muhammad Sameer Murtaza (Hrsg.)
Mahdi Esfahani
Büsra Yücel

Islamische Philosophie

Band 2:
Islamische Philosophie im Konflikt –
von Al-Razi und Al-Farabi bis Ibn Miskawai

Bibliographische Information der Deutschen Bibliothek
Die Deutsche Bibliothek verzeichnet diese
Publikation in der Deutschen Nationalbibliographie;
detaillierte bibliographische Daten sind im Internet
unter *http://dnb.ddb.de* abrufbar.

Alle Rechte vorbehalten.
Kein Teil dieses Buches darf in irgendeiner Form (Druck, Fotokopie
oder einem anderen Verfahren) ohne schriftliche Genehmigung des
Verlages reproduziert oder unter Verwendung elektronischer Systeme
verarbeitet werden.

All rights reserved.
No part of this publication may be reproduced, stored in a retrieval
system, transmitted or utilized in any form or by any means, electronic, mechanical, photocopying, recording or otherwise, without permission in writing from the Publishers.

© 2017 Muhammad Sameer Murtaza
1. Auflage 2017

Herstellung und Verlag:
tredition GmbH
Hamburg
ISBN:
978-3-7439-8774-6

Umschlagbild vorne: Al-Kini lehrt Philosophie
Umschlagbild hinten: Beratung mit Dioskurides

Inhaltsverzeichnis

Geleitwort *Ecevit Polat*	7
Al-Razi – Der Religionskritiker *Muhammad Sameer Murtaza*	11
Al-Farabi – Der zweite Lehrer *Muhammad Sameer Murtaza*	26
Eine Gegenüberstellung der Verfasstheit von Gemeinschaft bei Platon und Al-Fārābī *Büsra Yücel*	51
Ibn Miskawai und das Streben nach Glück *Muhammad Sameer Murtaza*	78
Ibn Miskawayh – der Ethiker *Mahdi Esfahani*	99

Geleitwort
Ecevit Polat

Im Westen wird der Islam in zunehmendem Maße als eine intolerante Religion, ja geradezu als eine rigide Ideologie wahrgenommen, die darüber hinaus monolithisch sei und daraus resultierend auch keine anderen Gedankensysteme und Weltanschauungen dulden würde.[1] Dabei wird wohl bedacht oder andernfalls aus Unwissenheit weiterhin verkannt, dass der Islam die Muslime zu einstigen kulturellen Höchstleistungen angespornt hatte, die zu einer langanhaltenden zivilisatorischen Blüte in Wirtschaft, Philosophie und Wissenschaft führten.[2] Zudem kann der einstige enorme Einfluss des Islam auf die vormals westliche Christenheit historisch keineswegs angezweifelt werden,[3] da selbst die Aufklärung des 18. Jahrhunderts ihr vornehmlich kritisches Bewusstsein aufgrund der arabischen Übersetzungen und Übermittlungen der griechischen Werke und Sanskrit-Arbeiten zu verdanken hat, die sonst womöglich in Vergessenheit geraten wären.[4] Die außergewöhnlichen Reformen und insbesondere die Leitgedan-

---

1 Siehe hierzu den Beitrag von Dr. Murad Hofmann, *Den Islam verstehen*, S. 13-22, 2. Auflage Cagri Yaninlari 2010.
2 Vgl. Asad, Muhammad, *Der Weg nach Mekka*, S. 230-239, 3. Auflage Patmos Verlag 2011.
3 Vgl. hierzu Watt, Montgomery, *Der Einfluss des Islam auf das europäische Mittelalter*, S. 83-84, Berlin 1988.
4 Vgl. Hunke, Sigrid, *Allah ist ganz anders*, S. 92-111, Goldmann Verlag, 1. Auflage 1990. Siehe aber auch den bedeutenden Beitrag von Haidar Bammate, *Der Beitrag des Islam zur Weltkultur*, S. 91-98 in: *Die Herausforderung des Islam* (Hg. Rolf Italiaander 1987).

ken zur Aufklärung in Europa sind ohne Zweifel den Ansammlungen einschlägiger muslimisch-kultureller und philosophisch-gesellschaftskritischer Werke zu verdanken. Daher ist dem Statement des Berliner Historikers Michael Borgolte „der Islam gehört zu den Fundamenten europäischer und deutscher Kultur"[5] unzögerlich zuzustimmen.

In der Tat ermutigte der *Qur'ān* wie in den nachfolgenden Versen von Anfang an die Gläubigen zur Gewinnung von ontologischen Erkenntnissen und zur Mehrung des Wissens dazu, den eigenen Verstand als unabdingbares Kriterium einzusetzen:

> Habt ihr denn keinen Verstand? (2:44)
> Habt ihr denn nicht gesehen...? (31:20)
> Wollt ihr denn nicht nachdenken? (6:50)

Daraus ableitend fasste der Sprachwissenschaftler und Gelehrte Al-Rāghib Al-Iṣfahānī (gest. 1108) den wesentlichen Stellenwert und die ausdrückliche Wechselbeziehung von Vernunft und Religion folgendermaßen zusammen:

> Die Vernunft ist der Kommandeur und die Religion der Soldat. Wenn es die Vernunft nicht geben würde, so würde die Religion keine Gültigkeit und Bestand haben. Freilich, wenn die Religion nicht existieren würde, so würde die Vernunft verwirrt und orientierungslos bleiben.[6]

Insofern schien es im Mittelalter nicht verwunderlich zu sein, wenn christliche Gelehrte Muslime als *die philo-*

---

5 Der ganze Beitrag ist in Focus-Online vom 12.05.2016 zu lesen: http://www.focus.de/politik/deutschland/wider-die-kritiker-historiker-islam-gehoert-zu-den-fundamenten-deutscher-kultur_id_5525038.html (10.07.2017).
6 Zitiert aus *Kitāb al-Dharī'a*, S. 160, iZ Yayincilik Istanbul 2009.

sophische Nation schlechthin bezeichneten. Für Abaelard (gest. 1142) (ein Freund von Petrus Venerabilis) war die Bezeichnung *Muslim* zugleich ein Synonym für einen Philosophen.[7] Bereits zuvor schrieb der damalige Bischof von Cordoba Alvarus im Jahr 854 in seinem Werk *Indiculus Luminosus* ausführlich an seine Religionsgenossen, wie interessiert, wissbegierig und intensiv die christliche Bevölkerung die Traktate der muslimischen Theologen und Philosophen studierte.[8] Des Weiteren sind die unzähligen intellektuellen Disputationen, die im 10. Jahrhundert überwiegend öffentlich ausgetragen wurden, bis heute in schriftlichen Überlieferungen nachweislich erhalten geblieben. Danach bekundete der berühmte Arzt und Philosoph Abū Bakr Muḥammad ibn Zakarīyā Ar-Rāzī (gest. 925) – im Gegensatz zu Al-Kindi (ca. 800-873), der die Philosophie als *Magd der Religion*[9] positionierte – öffentlich die Ansicht, dass es nicht zwingend notwendig sei, an die Propheten zu glauben, da die Offenbarungsreligionen die eigentliche Ursache für Zwietracht, Krieg und Feindschaft unter den Menschen seien.[10] Demzufolge sei die einzige Konsequenz, sich ausschließlich damit abzufinden, nur an einen personalen Schöpfer zu glauben, der nicht mit Imperativen in die Geschehnisse der Welt interveniere. Hieraus ableitend wären die Bestimmungen und Regeln der Ethik lediglich den vernunftbe-

---

7 Vgl. Rodinson, Maxime, *Die Faszination des Islam*, S. 33-34, Verlag C.H. Beck, 2. Auflage 1991.
8 Vgl. Ecker, *Lawrence, Arabischer, provenzalischer und deutscher Minnesang. Eine motivgeschichtliche Untersuchung*, Genf 1978, S. 26.
9 Siehe hierzu den Beitrag von Muhammad Sameer Murtaza, *Al-Kindi – Ein Philosoph im Garten des Propheten. Islamische Philosophie, Band 1: Von den Anfängen bis zu Al-Kindi*, Tredition 2016.
10 Siehe hierzu besonders M.G.S. Hodgson, *islam'in Serüveni (The Venture of Islam)*, S. 401-402, iZ Yayincilik 1993.

gabten Menschen selbst überlassen worden, wogegen jegliche externe Einflüsse wie die der Heiligen Schriften kategorisch ausgeschlossen wären.[11] Dies zeigt wiederum, wie ernst und weit gefasst die Toleranzschwelle unter den gläubigen Muslimen seinerzeit war, da sie der gegensätzlichen und vor allem der provakativen Sichtweise eine öffentliche Plattform gewährten.[12]

Umso wichtiger erscheint die vorliegende an die damalige geistreiche Kontroverse anknüpfende Publikation zu sein, die dem Leser vielversprechend und nachvollziehbar vor Augen hält, wie die unterschiedlichsten weltanschaulichen Auseinandersetzungen und Konzeptionen dennoch friedfertig und argumentativ ausgetragen wurden. Gebührend und wegweisend sei in diesem Sinne an den Ausspruch des Propheten Muhammad erinnert:

> Die Hikma ist das verlorene Gut des Gläubigen. Er nimmt es, wo immer er es findet.[13]

---

11 Überliefert in Ibn An-Nadīm (gest. 990) *Kitap al-Fihrist*. Vgl. dazu Mehmet Bayraktar, *islam Felsefesine Giris*, S. 83-84, 6. Auflage Januar 2005, Diyanet Vakfi Yayinlar.
12 *Kein Zwang im Glauben (2:256)* lautet der Leitsatz zum Toleranzgebot im *Qur'ān*. Vgl. unter anderem auch die folgende Stellen im *Qur'ān*: 5:58; 18:29; 10:99, 3:20; 11:108.
13 Vgl. At-Tirmidhī, Ilm 19; Ibn Madscha, Zuhd 15.

Al-Razi – Der Religionskritiker
Muhammad Sameer Murtaza

Al-Kindis Beschäftigung mit der Philosophie hatte weder seinen Glauben an Gott noch an das Prophetentum Muhammads oder den *Qur'ān* getrübt. Im Gegenteil, die rationale Auseinandersetzung mit dem eigenen Glauben und seine intellektuelle Demut, die Grenzen der Vernunft zu erkennen und anzuerkennen, führten zu einem tiefen Vertrauen in den Islam.

Al-Kindi (gest. 873) hatte mit seiner Positionierung der Philosophie als Magd der Religion die islamische Philosophie unter Betonung des Adjektivs definiert. Doch jene Philosophen, die nach ihm kamen, hatten erst einmal eine ganz andere Vorstellung von dem Verhältnis zwischen Religion und Philosophie.

Grob kann hierbei zwischen zwei Richtungen unterschieden werden: auf der einen Seite die theistischen Religionskritiker, die Religion, also organisierten Glauben, ablehnten, und auf der anderen Seite die Philosophen, die auf das Nebeneinander und die Gleichrangigkeit von Philosophie und Religion pochten.

Zum ersten Typus gehörte beispielsweise Ahmad ibn Al-Tayyib Al-Sarakhsi (gest. 899), erstaunlicherweise ein Schüler Al-Kindis, der den Kalifen Al-Muʿtadid (857-902) geradezu drängte, die Religion doch endlich aufzugeben. Propheten, so lehrte er, seien doch allesamt nur Scharlatane und Religionen folglich eine bloße Erfindung des Menschen, die diesen von den Wissenschaften ablenken würden. Nicht seine religionsfeindliche Haltung, wohl aber sein Bedrängen des Kalifen führte schließlich zu seiner Hinrichtung.[14]

Al-Sarakhsi stand mit seiner Haltung nicht alleine da, auch der Religionskritiker Ibn Al-Rawandi (gest. ca. 910) lehnte jede Form von Religion ab und tat dies in seinen Werken öffentlich kund. Religionen, so Al-Rawandi, seien deshalb nicht vonnöten, da deren Funktion, den Menschen über Gottes Existenz aufzuklären und ihnen ethische Grundsätze zu lehren, überflüssig sei. Für all dies reiche die Vernunft völlig aus. Wer ihm entgegenhalten wollte, dass doch die Unnachahmlichkeit des *Qur'ān* den göttlichen Ursprung des Islam beweise, dem erwiderte er kühn, dass dies eben kein Wunder ist, weil es keine Sache der Unmöglichkeit sei, dass ein Araber, in diesem Fall Muhammad, seine Zeitgenossen literarisch überflügelt hat. Dies sei aber doch kein Wunder, sondern eine menschliche kreative Schaffungsleistung, die eines Tages von einem noch besseren Werk als dem *Qur'ān* abgelöst wird. Überhaupt sei dieses Wunder ein merkwürdiges, da es sich nur an Menschen richte, die des Arabischen mächtig sind.[15] Und so scheute er sich nicht, Parodien über den *Qur'ān* und den Propheten Muhammad zu verfassen, was aber in dem damaligen intellektuellen Klima keinerlei negative Folgen für ihn hatte. Er starb als über 80-Jähriger in seinem Bett.[16]

Gleiches gilt für den Satiriker und Dichter Abu Nuwas (ca. 753-ca. 811), der über den Islam spottete, wie auch für den Dichter und Philosophen Abu Al-ʿAlāʾ Al-Maʿarri (973-1057), der die Religion als eine menschliche Erfindung abtat. Sie diene den Herrschenden als Macht- und Kontrollinstrument über die leicht-

---

14 Vgl. Fakhry, Majid (1983: 96).
15 Vgl. ebda. (96-97).
16 Vgl. ebda. (97).

gläubige Masse, um sich diese gefügig zu machen und somit die eigene Herrschaft zu festigen.[17]

Doch als profundester Religionskritiker ging der aus Rayy stammende Philosoph Abu Bakr Muhammad ibn Zakariyya ibn Yahya Al-Razi (latinisiert Rhazes) (865-925/932) in die Geschichtsbücher ein.

Wenig ist über sein Privatleben bekannt, was der damaligen Sitte entsprach, dass dieses eben privat zu sein habe. Ein Mann des Wissens zeichnete sich allein durch seine Werke aus, die einen Beitrag dazu leisteten, die Grenze des Wissens weiter zu verschieben.[18] Aufgrund seines Namens *Muhammad* lässt sich darauf schließen, dass er zumindest aus einer muslimischen Familie stammte und somit muslimisch sozialisiert wurde.

In seinem ersten Lebensabschnitt verdiente er seinen Unterhalt wohl als Juwelier, Geldwechsler und Laute-Spieler, bis er im Alter von dreißig Jahren, nach anderen Quellen im vierzigsten Lebensalter, mit dem Studium der Medizin und der Philosophie begann.[19] Letztere studierte er unter einem gewissen Al-Balkhi, über den die Geschichtsbücher weiter nichts wissen, nicht einmal seinen vollständigen Namen.[20]

Als Mediziner war Al-Razi seinerzeit eine Ausnahmeerscheinung. Er stellte die größten Autoritäten antiker und mittelalterlicher Medizin infrage, indem er als Erster ihre theoretischen Aussagen anhand von klinischen Fallstudien einer Überprüfung unterzog.[21] So kritisierte er den griechisch-römischen Arzt Galen (129-199) für die Annahme, die Verfassung der Psyche sei von der Gesundheit des Körpers abhängig. Al-Razi

---

17 Vgl. Hendrich, Geert (2011: 54).
18 Vgl. Al-Rāzī, Abū Bakr Muhammad ibn Zakarīyā (o. J.: 1).
19 Vgl. Badawi, Abdurrahman (1963: 434-435).
20 Vgl. ebda. (434-436).
21 Vgl. Hendrich, Geert (2011: 46).

gelangte anhand seiner Beobachtungen zu dem Schluss, dass ganz im Gegenteil die Psyche den Körper erkranken lassen kann, ohne dass ein organisches Leiden vorliegt. Damit ebnete er der Psychosomatik den Weg.[22] Auch entdeckte er durch Destillation von Wein die Gewinnung des reinen Alkohols und seine sterilisierende Eigenschaft. Diesen nannte er *al-kull*, was im Arabischen *das Wesentliche beinhaltet* bedeutet.[23] Ein Ausdruck, dessen Aussprache sich unter spanischem Einfluss zu *al-kuhúl* wandelte und Eingang in die europäischen Sprachen fand. Sein Buch über die Infektionskrankheiten Pocken und Masern galt noch im 18. Jahrhundert als autoritativ und wurde in England im Streit um die Pockenschutzimpfung herangezogen.[24] Seine überragende Bedeutung für die Medizin sowohl im Orient als auch im Okzident erklärt die latinisierte Fassung seines Namens.

Bereits kurze Zeit nach seinem Studium übertrug man Al-Razi die Leitung eines Krankenhauses in seiner Heimatstadt Rayy.[25] Als er später nach Bagdad umsiedelte, half er dort beim Aufbau eines Krankenhauses mit, das er anschließend ebenso leitete.[26]

Seine letzten Lebensjahre verbrachte er wieder in Rayy, wo er sein Wissen an die nächste Generation weitergab. Es wird berichtet, er sei schließlich an den Augen erkrankt und nahezu erblindet. Ein Umstand, der ihm aber scheinbar keinen Kummer bereitete, soll er doch gesagt haben: „Ich habe die Welt solange betrachtet, dass ich ihrer müde geworden bin."[27]

---

22 Vgl. ebda. (51).
23 Vgl. Yousefi, Hamid Reza (2014: 56).
24 Vgl. Hendrich, Geert (2011: 46).
25 Vgl. Fakhry, Majid (1983: 97).
26 Vgl. Hendrich, Geert (2011: 47).
27 Al-Rāzī, Abū Bakr Muhammad ibn Zakarīyā (o. J.: 6).

Al-Razis interkulturelle Philosophie

Der Philosoph Hamid Reza Yousefi hat den Begriff *interkulturelle Philosophie* geprägt. Demnach gibt es nicht *die* Philosophie, sondern „so viele Philosophien, wie es Individuen gibt. (…) Es ist daher nicht verwunderlich, dass es im Vergleich und Verständnis der Kulturen verschiedene Namen gibt, die das Gleiche anders benennen und diskutieren"[28], so Yousefi. Daher solle keine bestimmte Kultur ihre Philosophie als die eigentliche Bühne des Denkens deklarieren.[29] Stattdessen zeichnet sich die Bühne des Denkens sowohl durch ihre Pluralität (europäische Philosophen, lateinamerikanische Philosophen, afrikanische Philosophen, orientalische Philosophen, asiatische Philosophen) als auch ihre gegenseitigen Interdependenzen aus.[30]

Die interkulturelle Philosophie stellt somit einen dialogischen Weg der Mitte dar, der Konvergenzen und Divergenzen zwischen den Kulturen zur Kenntnis nimmt, ohne jedoch diese gegeneinander auszuspielen[31]:

> Es geht nicht darum, den Garten der Vielfalt aus Rosen, Tulpen und Lilien auf eine Einheitsblume zu reduzieren, sondern zu lernen, sich an der jeweils anderen Schönheit zu erfreuen.[32]

Das erste Aufkommen dieser philosophischen Mentalität in der Geschichte der Menschheit nimmt Yousefi im 8. Jahrhundert in der muslimischen Welt wahr:

> Die Entdeckung und der Umgang mit der griechischen Philosophie durch die orientalischen bzw. is-

---

28 Yousefi, Hamid Reza (2013: 27).
29 Vgl. ebda. (29).
30 Vgl. ebda. (30).
31 Vgl. ebda. (49).
32 Yousefi, Hamid Reza (2014: 17).

lamischen Philosophen ist der beste Beweis dieser Praxis. Diesen Philosophen geht es nicht darum, abzulehnen oder niederzukämpfen, sondern das Andere zu verstehen und es für die eigenen Belange fruchtbar zu machen, was faktisch geschehen ist.[33]

Die Schaffung des *bait al-ḥikma* 830, so deutet es Yousefi, verfolgte das große Unterfangen, durch die Übersetzung der griechischen Werke die Grundlagen einer kulturübergreifenden Verständigung zu schaffen.[34]

Al-Razis Philosophieren zeichnet diese Interkulturalität aus, so finden sich bei ihm Elemente von vier Kulturräumen:
- Die griechische Philosophie mit ihrem Zweifel, ihrem Erkenntnisstreben und ihrer Vernunftbezogenheit.
- Die persisch-zarathustrische Lehre mit ihrem Schwerpunkt auf der Gerechtigkeit und einem ethisch geführten Leben.
- Die buddhistische Lehre mit ihren Vorstellungen einer leidgeplagten Welt, der Wiedergeburt und dem Austritt aus diesem Kreislauf (Nirwana).
- Die nahöstlichen prophetisch-semitischen Religionen mit ihrem Glauben an den einen und einzigen Gott.

Kosmologie

Der persischstämmige Philosoph ging von der Prämisse aus, dass es fünf ewige Grundprinzipien (*al-qudamā' al-ḫamsa*) gibt:
a) Gott,
b) die universelle Seele,
c) die unstrukturierte aus Atomen bestehende Ur-Materie,
d) den absoluten Raum und

---

33 Yousefi, Hamid Reza (2013: 69).
34 Vgl. ebda. (81).

e) die absolute Zeit.[35]

Er mag wohl durch folgenden Gedankengang zu diesen Annahmen gelangt sein: Die Außenwahrnehmung des Menschen wird durch seine Sinne bestimmt, hierdurch erfahren wir den Raum. Ebenso bemerken wir Wandel und Veränderung, also Zeit. Die Existenz anderer Menschen lässt den Schluss zu, dass es etwas Absolutes in ihnen geben muss, welches die Materie belebt, also eine Seele. Die Vernunft, die den Menschen vom Tier unterscheidet, lässt in dem Erkennen der Zweckmäßigkeit der Welt nur den Schluss zu, dass es einen Gott gibt.[36]

Im Streit zwischen den Positionen Aristoteles (gest. 322 v. Chr.) und Al-Kindis hinsichtlich der Frage, ob die Welt von Ewigkeit her oder erschaffen sei, nahm Al-Razi eine Mittelposition ein. Gemäß seiner Kosmologie ist die aus Atomen bestehende Materie unerschaffen, allerdings benötigt sie Gottes Wirken, um Gestalt anzunehmen.[37] In diesem "Schöpfungsakt" entstand das uns bekannte materielle Universum, das einen partikulären Raum im absoluten Raum (*makān*) einnimmt. Letzterer ist von jeglicher Begrenzung befreit und dehnt sich ständig aus. Unser Universum, also der partikuläre Raum, ist nur ein begrenzter Körper im absoluten Raum. Folglich unterteilte er auch die Zeit in eine partikuläre Zeit (*maḥṣūr*) und eine absolute Zeit (*dahr*). Al-Razi widersprach Aristoteles darin, dass die sukzessive Zeit die einzige Zeit sei, vielmehr sei sie nur partikulär und in Verbindung mit dem partikulären Raum zu betrachten. Die absolute Zeit, im Sinne von Ewigkeit, sei dagegen gänzlich unabhängig von Bewegung und ein stetes Jetzt.[38]

---

35 Vgl. Lerch, Wolfgang Günter (2002: 56) u. Hendrich, Geert (2011: 48).
36 Vgl. Sheikh, M. Saeed (1982: 51-52).
37 Vgl. Lerch, Wolfgang Günter (2002: 56).
38 Vgl. Sheikh, M. Saeed (1982: 54).

Doch weshalb formte Gott das Universum? Al-Razi vertrat die Ansicht, dass die universelle Seele sich in einem Zustand der Unwissenheit befand. Sie wollte diesen Umstand verändern, indem sie sich mit der Materie vereinigte. Doch dies scheiterte am Widerstand der Materie. Gott habe daher als Ausdruck seiner Liebe und Barmherzigkeit Materie und Seele miteinander vereint, damit letztere auf Erden zur Erkenntnis über sich selber und den Kosmos gelangt.[39] Al-Razis Gottesbild entspricht demnach dem Demiurgen Platons, ist also kein schöpferischer Gott, sondern ein formgebender Gott und entspricht demnach nicht dem Gott der prophetisch-semitischen Religionen.

Ethik

Aus seiner Kosmologie leitete Al-Razi nun seine Ehtik ab. Die Vereinigung von Seele und Materie sei ein widernatürlicher Zustand. Die Materie sehne sich wieder nach ihrem unstrukturierten Zustand und auch die Seelen streben auf der Erde danach, sich erneut zu einer Universalseele zu vereinigen. Der Mensch befindet sich demnach in einer Leidenssituation. Daher strebe jede Seele danach, den materiellen Zustand zu überwinden. Dies könne aber nur durch ein vernunftgeleitetes und ethisches Leben geschehen. Nur auf diese Weise erkennt die Seele sich selber und die natürliche Ordnung des Kosmos, die durch das ursprüngliche Sehnen der Universalseele gestört wurde.[40]

Dass nicht alle Menschen in ihrem Leben nach Erkenntnis streben, belegt für Al-Razi das Vorhandensein einer Willensfreiheit. Demnach kann der freie Mensch

---

39 Vgl. Hendrich, Geert (2011: 48-49) u. Badawi, Abdurrahman (1963: 443).
40 Vgl. Rudolph, Ulrich (2004: 24).

nach einer materiellen oder nicht-materiellen Existenz streben. Entscheidet er sich für ersteres, wird er nach seinem Tod wiedergeboren. Die Wiedergeburt ist ein weiterer Ausdruck von Gottes Barmherzigkeit, da der Mensch immer wieder die Möglichkeit zu einem Neuanfang im nächsten Leben erhält, um sich aus seiner selbstverschuldeten Situation zu erlösen. Erlösung bedeutet, dass die Seele ihre eigene Individualität aufgibt und in der Universalseele aufgeht, wodurch sie in ihren ursprünglichen Zustand zurückkehrt.[41]

Um nun ein ethisches Leben zu führen, solle der Mensch einen Weisen aufsuchen und diesen zu seinem beständigen Begleiter machen. Der Weise solle ihn beobachten und schließlich Auskunft geben, welche Charakterschwächen er an ihm feststellen könne. Der Weise solle sich nicht zurückhalten mit seiner Meinung, aber auch nicht übertreiben, und der Beobachtete solle ihm nicht zürnen für das, was er äußert, sondern ihm dankbar sein. Durch die Augen des Weisen erhält der Beobachtete nun ein objektives Bild seiner selbst. Immer wieder im Laufe seines Lebens solle sich der Mensch einer solchen Prozedur unterziehen, damit er beständig um seinen Charakterzustand weiß, denn schlechte Eigenschaften hätten die Angewohnheit zurückzukommen.[42]

Weiß der Einzelne nun um seine Schwächen, so soll er sein Leben lang danach streben, sich ihrer zu entledigen und seine Persönlichkeit zu vervollkommnen. Al-Razi schreibt: „Was ist der Nutzen einer schönen äußeren Gestalt, wenn die Seele hässlich ist?"[43]

Selbstkontrolle und Selbstbeschränkung sind somit der Weg zur Erlösung. Besonderen Fokus legt Al-Razi hierbei auf folgende Aspekte:

---

41 Vgl. Hendrich, Geert (2011: 51).
42 Vgl. Al-Rāzī, Abū Bakr Muhammad ibn Zakarīyā (o. J.: 36-37).
43 Ebda. (48).

- Maßhalten in der Sexualität, damit der Mensch nicht auf die Stufe eines Tieres falle. Überhaupt sei diese Aktivität aus Sicht der Seele die schmutzigste und niedrigste Aktivität des Menschen, da er sich hier ganz dem Körperlichen hingebe. Gerade den Freuden des Geschlechtsaktes schreibt der Philosoph die größte Versuchung zu, den Menschen zum Sklaven des körperlichen Lebens zu machen und ihn hierdurch vom Pfad der Erlösung abzubringen.[44] Daher sei es das Beste, ganz auf die Sexualität zu verzichten, was nicht schwerfallen dürfte, entstünde dem Menschen doch hierbei kein Schmerz wie etwa, wenn er auf das Essen oder Trinken verzichtet. Sexualität sei nicht lebensnotwendig.[45]
- Maßhalten beim Essen und Trinken, da auch diese den Menschen zum Sklaven des irdischen Lebens machen können. Der Mensch solle nur so viel essen, wie er zum Weiterleben benötige.[46]
- Maßhalten beim Konsum von Alkohol, da Trunkenheit ein vernunftgeleitetes Leben verhindere und die Selbstkontrolle zunichte mache. Ein intelligenter Mann solle nur in seltenen Fällen (bei Sorge, zur Erheiterung oder um sich Mut anzutrinken) und dann bedacht Alkohol konsumieren. Besser sei es jedoch, gänzlich auf ihn zu verzichten, da der Mensch schnell vom Alkohol abhängig werden kann.[47]

Als eine große Gefahr, vom Pfad der Erlösung abzuweichen, ihn gar gänzlich zu verlassen, empfand Al-Razi die Erfahrung des Verlustes eines geliebten Menschen. Kummer verdunkle das Denken des Menschen und könne zu einem Irrgarten für den Einzelnen

---

44 Vgl. ebda. (41).
45 Vgl. ebda. (83).
46 Vgl. ebda. (75-76).
47 Vgl. ebda. (78-80). Al-Razis ausführliche Behandlung dieser Thematik erlaubt die Schlussfolgerung, dass zu seinen Zeiten der Alkoholkonsum unter Muslimen immer noch weit verbreitet war.

werden, aus dem er nicht mehr herausfindet. Je länger dieser Zustand andauere, desto mehr Schaden nehmen die Seele und der Körper eines Menschen. Daher müsse der Mensch dem Kummer Widerstand leisten. Er dürfe sich von diesem Gefühl nicht überwältigen lassen. Dies gelinge, wenn der Mensch sein Dasein als Einzelgänger verbringt. Nur jener, der mit vielen Menschen in Verbindung stehe, mache immer wieder die Erfahrung von Schmerz und Verlust. Nur im Alleinsein mache sich der Mensch von allem Materiellen unabhängig. Wer beispielsweise keine Kinder hätte, würde folglich nie ihren Verlust bedauern müssen. Vielleicht würde er Melancholie verspüren, niemals die Freuden der Vaterschaft erfahren zu haben, doch dieser Schmerz sei nichts im Vergleich zu der Erfahrung, sein verstorbenes Kind begraben zu müssen.[48]

Zugleich plädierte Al-Razi, dass der Mensch nicht als Mönch sein Leben verbringen solle. Es gehöre zum Menschsein, mit seinen Mitmenschen in losem Kontakt zu stehen. Sein Umgang mit ihnen solle geprägt sein von a) grenzenloser Güte, b) Engagement für ihr Wohl und den Fortschritt der Menschheit und c) Gerechtigkeit, die er allen Menschen entgegenbringt.[49]

Wer sein Leben auf diese Weise geführt habe, müsse keine Angst vor dem Tod haben. Er sterbe lebenssatt. Und selbst wenn man im Leben scheitere, so werde man durch die Gnade Gottes gerettet. Was sei also am Tod zu fürchten?[50]

Al-Razi war ein scharfer Kritiker des christlichen Mönchtums und seines muslimischen Nachahmers in Gestalt des Sufismus. In Sokrates (gest. 399 v. Chr.) sah er sein Vorbild für ein maßvolles Leben auf Erden. Der

---

48 Vgl. ebda. (68-69).
49 Vgl. Hendrich, Geert (2011: 51).
50 Vgl. Al-Rāzī, Abū Bakr Muhammad ibn Zakarīyā (o. J.: 106-107).

griechische Philosoph sei weder ein Mönch noch ein Zyniker gewesen, sondern habe am Leben seiner Mitmenschen Anteil genommen.[51]

Aufgrund der Wiedergeburt sprach sich Al-Razi auch für ein Verbot der Quälerei und Tötung von Tieren aus, mit Ausnahme von Raubtieren. Letzteres begründete er mit dem Schutz menschlichen Lebens und als Gnadenakt gegenüber den in den Raubtieren gefangenen Seelen, denen die Möglichkeit gegeben werde, in eine höhere Form wiedergeboren zu werden.[52]

Hier schlägt er wieder den Bogen zu seiner Kosmologie: Sobald alle Seelen ihren ursprünglichen Zustand reiner Geistigkeit wiedererlangt haben, würde Gott das materielle Universum auflösen. Damit verschwindet das Leid aus der Welt und Materie und Universalseele befänden sich wieder in ihrem ursprünglichen Zustand.

Religionskritik

Al-Razis philosophisches System verdeutlicht, dass er kein Atheist und Materialist war, sondern ein Theist, der jedoch jede Form von organisierter Religion als überflüssig ansah. Gewiss ist er kein Stellvertreter einer islamischen Philosophie, aber einer Philosophie im islamischen Kulturraum.

Als Vertreter einer Frontstellung schloss der religionsfreie Al-Razi jegliches Prophetentum und jedwede Offenbarungschrift kategorisch aus, da seine Vorstellung von einem gerechten Gott einschloss, dass alle Menschen gleichen Zugang zur Erkenntnis haben müssten. Jene, die behaupten würden, ein exklusives offenbartes Wissen zu besitzen, seien Betrüger, so Al-Razi. Die auf diese Weise entstandenen Religionsgemein-

---

51 Vgl. Sheikh, M. Saeed (1982: 55-56).
52 Vgl. Fakhry, Majid (1983: 102).

schaften, so sein verächtliches Urteil, hätten nichts Besseres zu tun, als gegeneinander Krieg zu führen.[53] Daher solle der Mensch sich wissenschaftlichen statt religiösen Büchern zuwenden, da nur diese von Nutzen seien.[54]

Daher irritiert es, dass Al-Daghistani Al-Razi zum Muslim macht, wenn er schreibt:

> Doch trotz der Bevorzugung des philosophischen Denkens und der Abweichung mancher seiner metaphysischen Lehren von islamischen Dogmen, stellen die Offenbarungswahrheiten des Islams und die ethisch-geistige Selbstverwirklichung für ar-Rāzī den ultimativen Horizont alles Strebens dar.[55]

Nach dem Orientalisten Arberry (gest. 1969) hat sich Al-Razi nie als Muslim zu erkennen gegeben und würde er nicht den Namen *Muhammad* tragen, wüssten wir heute nicht einmal, aus welcher Religionsgemeinschaft er ursprünglich stammte.[56]

Das Bemerkenswerte an Al-Razi ist nicht nur sein kühnes philosophisches System, sondern in gleichem Maße das außerordentlich intellektuelle Klima der damaligen islamischen Zivilisation[57] – ganz im Gegensatz zu heute –, die solche Thesen aushalten konnte. Weder Al-Razi noch andere Religionskritiker gerieten in einen physischen Konflikt mit den Gelehrten des Islam (*'ulamā'*) oder der Staatsgewalt. Sicherlich, sie waren Polemik, Anfeindungen und Zäsur ausgesetzt, aber zugleich hatten sie stets die Möglichkeit, ihren Herausforderern rhetorisch und schriftlich die Stirn zu bieten. So kehrte Al-Razi 907 an seinen Geburtsort zurück, wo

---

53 Vgl. Rudolph, Ulrich (2004: 26-27).
54 Vgl. Badawi, Abdurrahman (1963: 446).
54 Vgl. Hendrich, Geert (2011: 51).
55 Al-Daghistani, Raid (2016: 34).
56 Vgl. Al-Rāzī, Abū Bakr Muhammad ibn Zakarīyā (o. J.: 11).
57 Vgl. Hendrich, Geert (2011: 53).

er sogar einen Kreis von Schülern um sich sammeln konnte, denen er sein philosophisches System lehrte.[58]

Literatur

Adamson, Peter (2005): The Cambridge Companion to Arabic Philosophy. Cambridge.

Al-Daghistani, Raid (2016): Falsafa. Einführung in die klassische arabisch-islamische Philosophie. Freiburg.

Al-Rāzī, Abū Bakr Muhammad ibn Zakarīyā (o. J.): Razi's Traditional Psychology. Damascus.

Badawi, Abdurrahman (1963): Muhammad ibn Zakarīya al-Rāzi. In: Sharif, M. M.: History of Muslim Philosophy. Wiesbaden: 434-449.

Fakhry, Majid (1983): A History of Islamic Philosophy. London.

Fakhry, Majid (2009): Islamic Philosophy. A Beginner's Guide. Oxford.

Hendrich, Geert (2011): Arabisch-Islamische Philosophie. Geschichte und Gegenwart. Frankfurt am Main.

Khella, Karam (2006): Arabische und islamische Philosophie und ihr Einfluss auf das europäische Denken. Hamburg.

Lerch, Wolfgang Günter (2002): Denker des Propheten. Die Philosophie des Islam. München.

Nasr, Seyyed Hossein (2006): Islamic Philosophy from its Origin to the Present. Philosophy in the Land of Prophecy. New York.

Rudolph, Ulrich (2004): Islamische Philosophie. Von den Anfängen bis zur Gegenwart. München.

---

58 Vgl. Badawi, Abdurrahman (1963: 446).

Sheikh, M. Saeed (1982): Islamic Philosophy. London.
Turki, Mohamed (2015): Einführung in die arabisch-islamische Philosophie. München.
Watt, Montgomery Watt (2004): Islamic Philosophsy and Theology. Edinburgh.
Yousefi, Hamid Reza (2013): Die Bühne des Denkens. Neue Horizonte des Philosophierens. Münster.
Yousefi, Hamid Reza (2014): Einführung in die islamische Philosophie. Eine Geschichte des Denkens von den Anfängen bis zur Gegenwart. Paderborn.

Al-Farabi – Der zweite Lehrer
Muhammad Sameer Murtaza

(Islamische) Philosophie – die inhaltliche Bestimmung dieses Begriffes blieb weiterhin umstritten. Al-Kindi hatte dafür plädiert, dass die Bühne der Philosophie in der islamischen Zivilisation die Religion sein sollte. Al-Razi widersprach und plädierte für die Rationalität als Bühne des Denkens. Beide Positionen standen sich unversöhnlich gegenüber. Ein weiterer Philosoph namens Al-Farabi versuchte nun, beide Positionen miteinander zu versöhnen.

Der in dem Dorf Farab in Turkestan geborene türkischstämmige Konvertit[59] Abu Nasr Muhammad bin Muhammad bin Tarkhan Al-Farabi (ca. 870-950), latinisiert Alfarabius, studierte zunächst in Khorasan und setzte 908 sein Studium mit den Schwerpunkten Medizin, Mathematik, Philosophie, arabische Sprache und Grammatik sowie Musik in Bagdad fort.[60]

Sein philosophisches Wissen wurde ihm durch die beiden nestorianischen Christen Yuhanna bin Haylan (gest. 920) und Abu Bischr Matta (gest. 940) vermittelt. Dies war zu jener Zeit nichts Ungewöhnliches, denn für die damaligen Muslime zählte das Wissen an sich, nicht wer es hervorgebracht hatte. Dies erklärt auch, wieso Christen in den intellektuellen Zentren der muslimischen Welt in Harran, Merv oder Bagdad lehrten.[61]

Trotz seines Medizinstudiums übte Al-Farabi den Beruf des Arztes nie praktisch aus. Seine irdische

---

59 Vgl. Hendrich, Geert (2011: 57).
60 Vgl. Turki, Mohamed (2015: 60).
61 Vgl. Reisman, David C. (2005: 42).

Glückseligkeit bestand allein in der Beschäftigung mit der Philosophie, sodass er sich in Bagdad seinen Lebensunterhalt als Wächter eines Gartens verdiente, um sich nachts seinen Forschungen widmen zu können. So lebte er vom materiellen Standpunkt betrachtet, ein recht unauffälliges und bescheidenes Leben.[62]

Wohl im Jahr 942 zog es Al-Farabi zunächst nach Aleppo und dann nach Damaskus, wo er seinen Lebensabend am Hofe des Herrschers Saif Al-Daula (gest. 967) verbrachte. Während einer Reise auf dem Weg zwischen Asqalan und Damaskus wurde er von einer Räuberbande überfallen und schließlich ermordet. Seine intellektuelle Größe und das hohe Ansehen, das der Philosoph unter den Muslimen seinerzeit genoss, können daran ermessen werden, dass sein Begräbnis zu einem "Staatsbegräbnis" wurde, bei dem Al-Daula die Grabrede hielt.[63]

Al-Farabis ablehnende Haltung gegenüber der Position Al-Kindis wird daran ersichtlich, dass er seinen philosophischen Vorgänger kein einziges Mal in seinen Werken erwähnt.[64] Al-Farabi war davon überzeugt, dass die Philosophie der breiten Masse der Menschen nicht zugänglich sei. Sie bräuchten daher einen anderen, schlichteren Zugang zur Wahrheit in Form von Religion. Anders als Al-Razi will Al-Farabi mit dieser Aussage die Religion aber nicht abwerten, sondern nur darlegen, dass die religiöse Sprache massenkompatibler ist. So scheinen auch seine Zeitgenossen ihn verstanden zu haben, da Al-Farabi in der muslimischen Welt mit dem Titel *Der zweite Lehrer* (*al-muʿallim al-ṯānī*) nach dem *ersten Lehrer* Aristoteles (gest. 322 v. Chr.) geehrt wurde. Interessanterweise gibt es in der griechischen Tradi-

---

62 Vgl. Hendrich, Geert (2011: 58) u. Fakhry, Majid (1983: 108).
63 Vgl. De Boer, T. J. (1967: 108) u. Yousefi, Hamid Reza (2014: 61).
64 Vgl. Reisman, David C. (2005: 54-55).

tion keinen Beleg, dass Aristoteles je einen solchen Titel besessen hätte. Er ist genuin muslimisch und Ausdruck für die damalige muslimische Wertschätzung der griechischen Zivilisation.

Al-Farabi trennt demnach Religion und Philosophie voneinander. Die Bühne des Denkens der Theologie ist die Offenbarung, jene der Philosophie die Vernunft, beide führen jedoch zu *denselben* Erkenntnissen.

Al-Farabis Einfluss beschränkte sich nicht nur auf die Muslime, sondern seine Schriften lagen im Mittelalter sowohl in Arabisch als auch in Hebräisch und Lateinisch vor, also in den drei wichtigsten Kultur- und Wissenschaftssprachen jener Zeit.

Doch kann bei Al-Farabis Begriffsbestimmung noch von islamischer Philosophie gesprochen werden? Unter Wissenschaftlern gibt es hierüber kein Einvernehmen. Campagna beispielsweise unterstreicht die Verschiebung der Philosophie im muslimischen Gedankengebäude philologisch, wenn er von einer Philosophie in der islamischen Welt spricht, da sie zwar mit dem Islam geographisch zusammenlebt, aber nicht für die Religion lebt, und sich schon gar nicht mehr als Dienstmagd sich der Religion unterwerfen will.[65]

Der Wissenschaftsstreit

Al-Farabi lebte in einer polarisierenden Zeit. Die Jahrzehnte zwischen 850 und 950 waren sowohl für die muslimische Fraktion der Schiiten als auch für die noch unbestimmte Fraktion der Mehrheitsmuslime eine formative Phase, an deren Ende beide ihre uns heute bekannte Gestalt erhielten. Letztgenannte identifizierten sich – wohl ab 1100 – mit der Bezeichnung *ahl as-*

---

65 Vgl. Campagna, Norbert (2010: 15).

sunna wa 'l-ğamāʿa (Sunniten).[66] Doch bis es so weit war, gab es auch unter der Mehrheitsfraktion einen heftigen Streit darüber, was sie von den Schiiten unterscheidet. Die Theologenschule der Al-Muʿtazila war in ihrem Versuch, dem Islam eine kirchenähnliche Struktur zu geben, gescheitert, wohl vor allem deshalb, da ihre Theologen mit politischer Unterstützung der abbasidischen Kalifen Al-Ma'mun (gest. 833), Al-Muʿtasim (gest. 842) und Al-Wathiq bi-llah (gest. 847) eine Inquisition (*al-miḥna*) – ein einmaliges Ereignis in der islamischen Geschichte – einleitete, die andersglaubende und andersdenkende Theologen verfolgte. An dem Vorgehen der Al-Muʿtazila lässt sich ein Phänomen festmachen, das man oft bei Intellektuellen antrifft: intellektuelle Arroganz, die sich bei Kritik gern, wenn auch im Grunde im Widerspruch zu ihrer in der Öffentlichkeit vertretenden liberalen Position, mit den Mächtigen verbindet, um sich durchzusetzen. Eine Vorgehensweise, die ihnen in Gestalt von Ahmad ibn Hanbal (gest. 855) zum Verhängnis wurde. Letzterer vertrat eine literalistische und vernunftfeindliche Theologie und Rechtslehre. Vor die Wahl gestellt, das Bekenntnis der Al-Muʿtazila-Schule anzunehmen oder Folter zu erdulden, entschied sich Ibn Hanbal für den Leidensweg. Von 834 bis 847 wurde der Gelehrte inhaftiert, gefoltert und in ein Exil verbannt, bevor er wieder nach Bagdad zurückkehren durfte. In all den Jahren gab er seinen Widerstand nicht auf und wurde hierdurch zum Helden für die Masse, was letztendlich dazu führte, dass der Kalif Al-Mutawakkil (gest. 861) der Muʿtazila seine Gunst entzog und der *al-miḥna* ein Ende bereitete. Die Muʿtazila hatte vergessen, dass die Intellektuellen in einer Gesellschaft stets eine Minderheit darstellen.

Das Trauma der *al-miḥna* war also noch frisch und damit verbunden herrschte ein tiefes Misstrauen gegen eine rein rationale Theologie. Zudem befand sich durch

---

66 Vgl. Watt, W. Montgomery (2004: 56-59).

Ibn Hanbals Widerstand die literalistische Strömung (*ahl al-ḥadīṯ*) innerhalb der Mehrheitsfraktion der Muslime im Aufwind. Es formierten sich eine hanbalitische Rechtsschule und die literalistische Theologenschule der Al-Aṯariyya.[67]

Dies hatte auch Auswirkungen auf die islamische Philosophie. Zu Al-Farabis Zeiten trat der Konflikt zwischen den literalistischen Theologen und den muslimischen Philosophen offen zutage. Dies darf nicht verwundern, beschäftigten sich doch beide mit Gott. Die Religionsgelehrten traten für eine Trennung zwischen den authentischen islamischen Wissenschaften und der *falsafa* ein, also der islamisierten aristotelischen und neuplatonischen Philosophie. Al-Farabi lehnte eine solche Aufteilung ab und bemühte sich, den Konflikt zu entschärfen, indem er eine übergreifende wissenschaftliche Klassifizierung in seiner Schrift *Über die Wissenschaften* (*ihsā' al-'ulūm*) entwarf:[68]

1) die Sprachwissenschaft (*'ilm al-lisān*)
2) die Wissenschaft der Logik (*'ilm al-manṭīq*)
3) die mathematischen Wissenschaften (*'ilm al-ta'ālīm*)
4) die Natuwissenschaft (*'ilm al-ṭabī'ī*) und die göttliche Wissenschaft (*'ilm al-ilāhī*)
5) die Staatswissenschaft (*'ilm al-madanī*)

Nach dieser Klassifizierung gibt es keine "islamische" und "höherwertige" oder "griechische" und "niedere" Wissenschaft, sondern beide seien lediglich bestimmte Ausprägungen der universalistischen Wissenschaften, die auch bei anderen Völkern vorkämen.[69]

---

67 Vgl. ebda. (57-59).
68 Vgl. Al-Daghistani, Raid (2016: 34-35).
69 Siehe: Al-Farabi (2005): Über die Wissenschaften. Hamburg.

Metaphysik

Hinsichtlich der Vernunft ging Al-Farabi davon aus, dass sie den Menschen von allen übrigen Lebewesen unterscheide. Jedoch könne diese Fähigkeit des Menschen verkümmern, wenn sie nicht gefördert wird:

> Diese Fähigkeit findet sich in jedem Menschen, sogar bei den Kindern, sie ist aber bei ihnen schwach und gelangt noch nicht dazu, ihre Tätigkeit voll auszuüben, so wie auch die Kraft des Fußes eines Kindes zum Gehen noch nicht ausreicht und wie ein schwaches Feuer nicht ausreicht, um große Holzstücke zu verbrennen. Diese Fähigkeit findet sich auch bei Besessenen und Betrunkenen, aber nur so wie ein schielendes Auge oder wie ein geschlossenes Auge bei einem Schlafenden oder bei einem Ohnmächtigen oder wie ein Auge, das aufgrund von Dampf oder einer anderen Ursache verschleiert ist.[70]

Wie der Mensch seine Welt wahrnimmt, hängt von seinen Überzeugungen ab. Sie bestimmen unser Denken, Fühlen und Handeln. Doch was, wenn unsere Überzeugungen falsch sind? Wer möchte schon am Ende seines Lebens erkennen müssen, dass er einem Irrtum verfallen war? Philosophen wie Al-Farabi waren darauf aus, diese Überzeugungen einer Untersuchung zu unterziehen. Erst wenn ausreichend begründete, wahre Annahmen für diese Überzeugung vorliegen, kann man in der Philosophie von Wissen (*'ilm*) sprechen.

Dabei unterschied Al-Farabi zwei Arten von Wissen: a) Praktisches Wissen, dessen Domäne die praktische Vernunft sei, die der Mensch sich durch Beobachtung und wiederholende Erfahrungen aneigne und die

---

70 Al-Farabi (2005: 43).

ihm erlaube, Prognosen aufzustellen. Darüber stünde jedoch b) das theoretische Wissen, das sich durch seine Universalität, Unveränderbarkeit und Notwendigkeit auszeichne.

Die wichtigste und grundlegendste Erkenntnis sei das Wissen von der ultimativen Ursache allen Seins, dem ersten Sein (*al-awwal*) d. h. Gott.[71] Gibt es Ihn überhaupt? Al-Farabi bejahte dies:

> Das erste Seiende ist die erste Ursache aller übrigen existierenden Dinge. Es ist frei von jeder Art von Unvollkommenheit, während alles außer ihm nicht frei sein kann von Unvollkommenheit, sei es von einer einzigen oder von mehreren; das erste Seiende aber ist frei von allen, und so ist seine Existenz die beste und die Erste. (...) Deswegen ist es der Substanz und seinem Wesen nach ohne Anfang und ohne Ende, ohne dass es etwas anderes bräuchte, das ihm Fortbestehen verleiht, so dass es ewig andauert. Vielmehr ist seine Substanz ausreichend für seinen Bestand und die Fortdauer seiner Existenz. Weder kann eine Existenz so sein wie seine Existenz, noch kann es eine Existenz auf dem gleichen Rang wie seine Existenz geben, die zu ihm gehören und es vermehren könnte. Es ist das Existierende, für dessen Existenz es keinen Grund geben kann, durch den oder von dem oder für den es existiert. Es besteht nämlich nicht aus Materie und entsteht nicht auf der Grundlage von Materie und ist überhaupt nicht auf einem Substrat, sondern sein Sein existiert frei von jeglicher Materie und von jeglichem Substrat. Es hat auch keine Form, denn Form kann nur in der Materie sein. Hätte es eine Form, so bestünde sein Wesen aus Materie und Form. Wäre es so, dann würde es aufgrund der zwei Teile bestehen, aus denen es gebildet ist, so dass sein Sein einen Grund hätte. Sein Sein hat aber auch keinen Zweck und kein Ziel, so dass in diesem Fall sein Sein dazu da wäre, jenen Zweck und jenes Ziel zu erfüllen. Sonst wäre dies

---

71 Vgl. Fakhry, Majid (2002: 66-67).

ein Grund für sein Sein, so dass es nicht die erste Ursache wäre. Es hat sein Sein auch nicht aus einer anderen Sache abgeleitet, die vor ihm da war, und noch weniger von einer Sache, die nach ihm da war. Das erste Existierende unterscheidet sich in seiner Substanz von allem anderen, was ist, und sein Sein kann nicht zu etwas anderem gehören. Denn es kann zwischen dem, was dieses Sein hat, und dem anderen, das auch dieses Sein hat, überhaupt keinen Unterschied und keine Verschiedenheit geben. Somit gibt es nicht zwei Dinge, sondern nur ein einziges Wesen. (…) Es ist allein mit diesem Sein. Unter diesem Aspekt ist es einzigartig.[72]

Al-Farabis "Gottesbeweise" beruhen im Wesentlichen auf folgenden zwei Annahmen:[73]

- Bewegung
Objekte, die sich bewegen, erhalten ihre Bewegung von einem Beweger. Wenn Bewegung Teil der Existenz des Bewegers ist, hat dieser wiederum einen Beweger. Diese Kette lässt sich unendlich fortsetzen (*regressus infinitum*). Da aber Zeit einen Anfang haben muss, setzt Al-Farabi an den Beginn dieser Kette einen ersten Beweger, d. h. Gott, der selbst keinen Beweger hat.

- Ursache-Wirkung
Die gleiche Argumentation überträgt Al-Farabi auf das Phänomen Ursache und Wirkung. Am Ende der Kette steht die erste Ursache (*prima causa*), der unverursachte Verursacher, d. h. Gott, bei dem Existenz und Essens eins sind.

Jede Form von Dualismus bezogen auf Gott, wie ihn z. B. der Zoroastrismus kennt, widerspricht nach Al-Farabi der Vernunft:

---

72 Al-Fārābī, Abū Nasr (2009: 12-14).
73 Vgl. Sheikh, M. Saeed (1982: 61).

Das erste Existierende kann auch kein Gegenteil haben. Dies wird in dem Moment klar, wenn die Bedeutung von "Gegenteil" verstanden wird. Das Gegenteil (…) ist alles das, was einer Sache zuwiderläuft, derart, dass eines das andere dann zunichte macht und zerstört, wenn sie zusammenkommen. Es liegt in der Natur des Gegenteils, dass dann, wenn eines da ist, wo das andere ist, es dasjenige negiert, aber auch an dem Ort, wo es ist, negiert wird von dem anderen, das sich da befindet. Dies gilt generell für alles das, was ein Gegenteil haben kann. (…) Die Folge wäre, dass alles dahin streben würde, das andere zu zerstören, und dass die Möglichkeit bestünde, dass das erste Existierende von seinem Gegenteil zerstört würde bis in seine Substanz hinein. Aber was zerstört werden kann, dessen Entstehung und Andauern kann unmöglich aus seiner eigenen Substanz kommen und seine Substanz ist auch nicht hinreichend, damit es bestehen bleibt. Die Substanz ist dann auch nicht hinreichend, um es in die Existenz zu bringen, es braucht dann eine andere. Es würde auch folgen, dass es einen gewissen gemeinsamen Ort, ein Wo, geben würde, um sie zu empfangen, an dem die beiden Gegenteile sich bei ihrer Begegnung gegenseitig zerstören könnten (…). Dieser wäre dann also bezüglich der Existenz früher als die beiden.[74]

Ebenso widerspricht nach Al-Farabi die christliche Trinitätslehre der Vernunft:

Ist es also nicht teilbar, so kann es umso weniger in Quantitäten oder in andere Arten von Teilen aufgeteilt werden. Daraus folgt notwendig, dass es keine Ausdehnung und absolut keinen Körper hat. Auch in dieser Hinsicht ist es eins, denn eine von den Bedeutungen, von denen man "eins" sagt, ist die Unteil-

---

74 Al-Fārābī, Abū Naṣr (2009: 14-16).

> barkeit. (…) Was schließlich unteilbar ist in Bezug auf seine Substanz, das ist eins in seiner Substanz.⁷⁵

Das erste Seiende (*al-wuğūd*), das zugleich die erste Ursache (*al-sabab al-awwal*) allen Seins ist, bezeichnet Al-Farabi in seiner Philosophie als aktuellen Intellekt:

> Da das erste Seiende nicht Materie ist und in keiner Weise Materie besitzt ist es in seiner Substanz aktueller Intellekt. (…) Wenn aber eine Sache, um zu existieren keine Materie braucht, dann ist sie in ihrer Substanz aktueller Intellekt und das ist der Status des Ersten.⁷⁶

Ob der Mensch mittels der Vernunft in der Lage ist, Gott überhaupt zu erkennen? Al-Farabi blieb Zeit seines Lebens hinsichtlich dieser Frage ambivalent:

> Wir können es jedoch mit unseren schwachen Verstandeskräften nur schwer erfassen und es uns vorstellen, da wir mit der Materie und dem Nichtsein behaftet sind. Wir sind zu schwach, um es genau so zu denken, wie es ist. Sein Übermaß an Vollkommenheit blendet uns, und wir bewältigen es nicht, es uns ganz vorzustellen. So, wie der Lichtstrahl das erste Sichtbare, das Vollkommenste und das Klarste ist, durch das das übrige Sichtbare sichtbar wird, und so, wie das der Grund dafür ist, dass die Farben sichtbar werden, so müsste er auch, je vollendeter und größer er ist, umso vollendetet vom Blick erfasst werden. Wir stellen aber fest, dass das Gegenteil der Fall ist. Je vollendeter und größer etwas ist, umso schwächer wird es von unserem Blick erfasst, und zwar nicht um seiner Verborgenheit und Mickrigkeit willen, denn es ist ganz im Gegenteil in sich selbst äußerst klar und erleuchtet; vielmehr blendet die

---

75 Ebda. (16-17).
76 Ebda. (17).

Vollkommenheit seines Lichtes unsere Blicke und lenkt sie von ihm ab.[77]

Daher ist Gott für Al-Farabi verborgen und doch sichtbar, sichtbar und dadurch zugleich verborgen, verborgen und dadurch zugleich sichtbar. Er ist sichtbar insofern, dass Er die Ursache allen Seins ist, und verborgen durch die Vielheit in der Welt, die Ihn gleich einem Schleier verhüllt. Doch zugleich wiederum sichtbar durch die Zeichen, die auf seine Existenz hindeuten.[78] Selbst nach der Wiederauferstehung würde der Mensch Gott nur bedingt erkennen können:

> Wenn es in der Macht des Schöpfers liegt, dass er dem Organ des Sehens, das nach der Auferweckung der Toten bleibt, die Kraft gibt, dieses zu erfassen, dann kann Gott am Tage der Auferstehung gesehen werden, freilich ohne dass er Ähnlichkeiten (mit dem Menschen) oder Eigenschaften annimmt, oder dass er (in körperlicher Weise dem Sehenden) gegenübertritt, und sich als Objekt darbietet.[79]

Kosmologie

Nach Al-Farabi ist die Schöpfung Ursprung der Emanation Gottes. Bei der neuplatonischen Vorstellung der Emanation (*faid, sudūr*) handelt es sich um die Vorstellung, dass das Niedere aus dem Höheren, d. h. dem Göttlichen entfließt. Dieses Auseinander-Hervorgehen wird als ein Prozess verstanden, der sich auch in der Natur abbildet, wenn z. B. der Schmetterling aus der

---

77 Ebda. (21-22).
78 Vgl. Al-Farabi, Abu Nasr (1999: 15).
79 Ebda. (33).

Raupe hervorgeht oder die Blumenblätter aus dem Keim.[80]

Da das Universum aus Gott und Er in diesem immanent ist, dachte Al-Farabi es als unvergänglich.[81]

Die Struktur des Kosmos stellte sich Al-Farabi entsprechend dem ptolemäischen Weltbild,[82] zurückgehend auf den griechischen Astronom Claudius Ptolemäus (gest. 175), neuplatonisch modifiziert vor. In der Antike nahm man an, dass das Universum in eine Welt unter dem Mond und eine Welt jenseits des Mondes unterteilt ist. Nach Ptolemäus befindet sich die Erde im Mittelpunkt des Universums. Die sublunare Welt ist jene des Werdens und Vergehens. Alle anderen Himmelskörper bewegen sich auf Kreisbahnen um die Erde. Dies entsprach aber schon damals nicht den astronomischen Beobachtungen, weshalb das ptolemäische Weltbild durch weitere Bahnen (bis zu 80!) ergänzt wurde, bis die damals möglichen Beobachtungen mit dem Modell übereinstimmten. Die Gestirne wurden aber in damaliger Zeit nicht als eine Zusammenballung von Materie angesehen, sondern als metaphysische Wesen. Al-Farabi war nun bemüht, das damalige wissenschaftliche Weltbild mit dem islamischen Monotheismus in Übereinstimmung zu bringen: Indem der aktuelle Intellekt (Gott) sich selber denkt, geht in einem Emanationsprozess ein weiterer geschaffener, aber immaterieller Intellekt (I^1) hervor. I^1 denkt sowohl den aktuellen Intellekt, wodurch ein weiterer immaterieller Intellekt (I^2) hervorgeht, und sich selber, was die oberste Himmelssphäre hervorbringt. I^2 denkt ebenfalls an den aktuellen Intellekt, wodurch wiederum ein immaterieller Intellekt (I^3) geschaffen wird, und sich selbst, was zur Entstehung der Sphäre der Fixsterne führt. I^3 denkt in gleicher

---

80 Vgl. Lerch, Wolfgang Günter (2002: 47-48).
81 Vgl. De Boer, T. J. (1967: 124).
82 Diese Kosmosvorstellung hatte in Okzidenz und Orient bis 1600 Bestand.

Weise, folglich entsteht I^4 und die Sphäre des Saturns. Auf diese Weise folgen I^5, I^6, I^7, I^8 und I^9 sowie durch den hierdurch verursachten Emanationsschub die Sphären des Mars, der Sonne, der Venus, des Merkur und des Mondes. Bei I^{10} kommt dieser Prozess mit der Schaffung der sublunaren Sphäre, zu der die Erde gehört, zu einem Ende. Al-Farabi identifizierte I^{10} mit der aktiven Vernunft (*'aql fā'āl*), die wir bereits bei Al-Kindi kennengelernt haben.[83]

In Anlehnung an Turki gestaltet sich das Modell Al-Farabis wie folgt:[84]

	Aktueller Intellekt = Gott
	Erste Intelligenz
Supralunare Sphäre	Zweite Intelligenz → Fixsterne
	Dritte Intelligenz → Saturn
	Vierte Intelligenz → Jupiter
	Fünfte Intelligenz → Mars
	Sechste Intelligenz → Sonne
	Siebte Intelligenz → Venus
	Achte Intelligenz → Merkur
	Neunte Intelligenz → Mondsphäre
	Zehnte Intelligenz → Der aktive Intellekt

---

83 Vgl. Lerch, Wolfgang Günter (2002: 49-50); Al-Daghistani, Raid (2016: 77) u. Turki, Mohamed (2015: 64).
84 Vgl. Turki, Mohamed (2015: 65).

| Sublunare Sphäre | Mensch, Tiere, Pflanzen, Erde, Luft, Wasser, Feuer |

Allein durch einen Denkakt (Gott denken und sich selbst denken) und ein Sich-Substanziieren entsteht folglich die Welt des Enstehens und Vergehens.[85]

Dieses Universum, hier folgt Al-Farabi Aristoteles und revidiert damit Al-Kindi, bestehe seit einer Ewigkeit. Somit beschränkt sich, wenn überhaupt, Gottes Tätigkeit als Schöpfer allein auf sie sublunare Welt. Oder ist diese gänzlich das Werk von I^{10}? Mit seiner Kosmologie warf Al-Farabi für spätere Philosophen die Frage auf, ob die Erschaffung der Welt immer noch ein bewusster Akt Gottes ist.

Philosophische Anthropologie

Nach Al-Farabi besitzt der Mensch vier grundlegende Kräfte, die sein Sein bestimmen:[86]

- Die ernährende Kraft
Sie ist jene, die als erste in ihm entsteht und sich entwickelt. Bei ihr handelt es sich um den Selbsterhaltungstrieb des Menschen, der sich in seinem Vermögen, Nahrung aufzunehmen, widerspiegelt.

- Die Kraft der Sinneswahrnehmung
Die zweite Fähigkeit, die im Menschen erscheint, sind seine Sinne, mit deren Hilfe er alles außerhalb von sich selbst wahrnimmt.

---

85 Vgl. Turki, Mohamed (2015: 66).
86 Vgl. Al-Fārābī, Abū Nasr (2009: 55 u. 58).

- Die Kraft der Gefühle
Diese Fähigkeit entsteht parallel zu seiner Sinneswahrnehmung. Der Mensch empfindet eine Zu- oder Abneigung zu Dingen, die er außerhalb seines Seins feststellt.

- Die Kraft des Imaginationsvermögens
Das Imaginationsvermögen (*al-quwwa al-mutaḥayyila*) folgt in seiner Entstehung den Sinnen und den Gefühlen. Mit Imaginationsvermögen meint Al-Farabi den menschlichen Verstand. Es ist Scharnier zwischen der Sinneswahrnehmung und der Vernunft. Der Mensch wird durch ihn in die Lage versetzt, seine Wahrnehmungen aufzubewahren, auch wenn diese nicht mehr präsent sind.

Zugleich sah Al-Farabi im Imaginationsvermögen die Quelle für Träume, Visionen und das Prophetentum, letzteres sei die höchste Stufe der Verwendung dieses Vermögens, das in direktem Kontakt zur aktiven Vernunft (*'aql fā 'āl*) stünde und gänzlich eine Gnade Gottes sei.[87]

- Die Kraft der Vernunft
Schließlich entwickelt sich die Kraft der Vernunft, die es den Menschen ermöglicht, zu objektiven Wahrheiten zu gelangen, wie z. B. der Unterscheidung von Gut und Böse. Nur durch sie gelange der Mensch zu den Künsten und Wissenschaften.

Politische Philosophie

Mit seiner Schrift *Die Prinzipien der Ansichten der Bewohner der vortrefflichen Stadt* (*mabādi' ārā' ahl al-madīna al-fāḍila*) begründete Al-Farabi die politische

---

87 Vgl. Fakhry, Majid (2002: 91-92) u. De Boer, T. J. (1967: 120).

Philosophie im muslimischen Kulturraum. Das Besondere an dieser Schrift ist, dass Al-Farabi ausgehend von der Metaphysik und seiner oben dargelegten Kosmologie, eine ethisch-politische Theorie entwarf, in der die kosmologische Ordnung von der politischen Gemeinschaft nachgeahmt werden soll.

Al-Farabis Prämisse lautet, dass der Mensch ein Gemeinschaftswesen ist:

> Jeder Mensch ist so geschaffen, dass er für seine weitere Existenz und für das Erreichen der größtmöglichen Vollkommenheit verschiedene Dinge benötigt, die er nicht alle allein sich beschaffen kann. Er braucht Menschen, von denen jeder Einzelne ihn mit den benötigten Dingen versorgt. In dieser Hinsicht ist jeder dem anderen gleich. Deswegen kann der Mensch die Vollkommenheit nicht erreichen, die ihm von Natur aus bestimmt ist, bevor sich nicht mehrere Individuen zusammenschließen, die einander mit bestimmten notwendigen Dingen versorgen. (…) Aus diesem Grund haben sich die Menschen vermehrt und haben sich an den bewohnbaren Orten der Erde niedergelassen, so dass menschliche Gemeinschaften entstanden sind. Einige von ihnen sind vollkommen, andere nicht.[88]

Doch was versteht Al-Farabi unter Gemeinschaft? Hierzu schreibt er:

> Es gibt drei Arten von vollkommenen Gemeinschaften, große, mittlere und kleine. Die große ist die Gemeinschaft aller Bewohner der Erde.[89] Die mittlere ist die Gemeinschaft einer Nation in einem Teil der bewohnbaren Welt, die kleine ist die Gemeinschaft der Bewohner einer Stadt im Gebiet irgendeiner Nation. Unvollkommen ist die Gemeinschaft von

---

88 Ebda. (83).
89 Der Gedanke einer Weltgemeinschaft war neu und eine Innovation Al-Farabis. Vgl. Campagna, Norbert (2010: 130).

Leuten in einem Dorf, in einem Viertel, dann die Gemeinschaft in einer Straße, dann die Gemeinschaft in einem Haus, das die kleinste Einheit von allen bildet. Das Viertel und das Dorf gehören beide zur Stadt, jedoch ist das Dorf ein Diener der Stadt, während das Viertel ein Teil der Stadt ist.[90]

Der Gemeinschaft steht ein Herrscher vor, der sie zur Glückseligkeit (sa'āda) führen soll. Hier spiegelt sich die hierarchische Ordnung des Universums mit Gott an der Spitze wiederum in der politischen Gemeinschaft der Menschen wider. Unter Glückseligkeit verstand Al-Farabi die Vervollkommnung und Entfaltung des Menschen mittels der Vernunft und der Entscheidungsfreiheit, die den Menschen von der restlichen "Schöpfung" unterscheidet. Wahres Wissen führe zu richtigem Handeln und schließlich zu wahrer Glückseligkeit.[91]

Um eine Gemeinschaft zur Glückseligkeit zu führen, muss der Herrscher über zwölf Eigenschaften verfügen:

> 1. Zuerst sollte er Glieder und Organe haben, die frei von Mängeln und genügend stark sind, dass sie ihre Pflicht erfüllen. Beabsichtigt er, etwas auszuführen mit einem seiner Glieder, soll er dies mit Leichtigkeit tun.
> 2. Er sollte von Natur aus dazu begabt sein, das zu verstehen und sich vorzustellen, was man ihm sagt, und in seinem Verstand erfassen, was der Sprecher damit bezweckt und was die Sache selbst erfordert.
> 3. Er sollte auch damit begabt sein, sich zu merken, was er zu wissen bekommt, was er hört und sieht, und fast nichts zu vergessen.
> 4. Er sollte mit einem scharfen Geist versehen sein. Sieht er das kleinste Indiz für eine Sache, soll er es verstehen, wie das Indiz es anzeigt.

---

90 Al-Fārābī, Abū Nasr (2009: 83).
91 Vgl. Al-Daghistani, Raid (2016: 35 u. 37).

5. Er sollte eine gewählte Ausdrucksweise haben und alles das, was er denkt, mit vollkommener Klarheit äußern können.
6. Er sollte gerne lernen und sein Wissen vermehren, sich diesem Wissen widmen und Dinge leicht erfassen, ohne die Anstrengung zu scheuen oder unter der Mühe zu leiden, die das mit sich bringt.
7. Er sollte von Natur aus die Wahrheit und ehrliche Menschen lieben und Lüge und Lügner hassen.
8. Er sollte von Natur aus nicht gierig nach Essen, Trinken und sexuellen Verkehr sein und eine natürliche Abneigung haben gegen leichte Unterhaltung und die Lustbarkeiten, die aus diesen entstehen, hassen.
9. Er sollte eine große Seele haben und ehrliebend sein; seine Seele sollte sich von Natur aus über die hässlichen und niedrigen Dinge erheben zu den höchsten Dingen.
10. Geld und die übrigen weltlichen Ziele sollten unwichtig sein für ihn.
11. Er sollte von Natur aus die Gerechtigkeit und die Gerechten lieben, Unterdrückung und Ungerechtigkeit und die, die sie ausüben hassen; er sollte Gleichheit vertreten bei sich und den anderen; er sollte die Menschen zwingen, gerecht zu handeln und denen gegenüber Mitleid zu zeigen, die ungerecht behandelt wurden; er sollte dem, was er für schön, gediegen und gerecht hält, seine Unterstützung widmen; er soll nicht dann Widerstand leisten, wenn er nachgeben muss, und er sollte nicht eigensinnig und halsstarrig sein, wenn er gerecht sein soll. Aber er soll Widerstand leisten und nicht nachgeben, wenn er aufgefordert wird, irgendetwas Ungerechtes und Böses zu tun.
12. Er soll von starker Entschlossenheit sein in Bezug auf das, was er sieht, dass es nämlich notwendig ist zu tun, und es kühn und tapfer ausführen ohne Furcht und Schwäche.[92]

---

92 Al-Fārābī, Abū Nasr (2009: 91-93).

Jener Herrscher, der diese Qualitäten in sich vereinigt, sei entweder ein Prophet oder ein Philosoph. Al-Farabi lehnte sich hier an Plato an, der die Ansicht vertrat, dass die Philosophen die Regenten sein sollten. Der Prophetenregent oder der Philosophenregent steht nach Al-Farabi mittels der aktiven Vernunft ('*aql fā'āl*) in Verbindung mit dem aktuellen Intellekt, d. h. Gott. Somit verfügt er über das Wissen, das beste Staatswesen zu verwirklichen, und ist daher zugleich Lehrer und Führer zur Glückseligkeit. Die Funktion des Prophetenregenten und des Philosophenregenten ist also die gleiche. Beide und somit auch die Religion wie auch die Philosophie behandeln die identischen Wahrheiten und können somit nicht im Widerspruch zueinander stehen.[93]

Al-Farabi war sich bewusst, dass Menschen mit diesen Qualitäten rar sind. Weshalb er eine weitere Auflistung von Qualitäten, sechs an der Zahl, machte, falls ein wie oben beschriebener Herrscher unauffindbar ist:

> 1. Er wird weise sein.
> 2. Er wird die Gesetze und Bräuche derer, die vor ihm über die Stadt geherrscht haben, kennen und bewahren und all seine Handlungen den ihren anpassen.
> 3. Dort, wo kein Gesetz seiner Vorgänger erhalten ist, wird er Hervorragendes leisten beim Ableiten eines neuen Gesetzes, indem er dabei die Prinzipien der ersten Imame befolgt.
> 4. Er wird gut sein beim Überlegen in der Reflexion und stark im Ableiten in neuen Situationen, die ihm begegnen, für die die ersten Herrscher noch keine Gesetze erlassen konnten; wenn er dies tut, wird er den Vorteil der Stadt im Sinn haben.
> 5. Er wird gut darin sein, die Menschen durch seine Rede dahin zu führen, dass sie sowohl die Gesetze

---

93 Vgl. Hendrich, Geert (2011: 63-64).

der Vorgänger als auch diejenigen, die er nach ihnen in Übereinstimmung mit ihnen abgeleitet hat, befolgen.

6. Er sollte eine gefestigte Konstitution haben, damit er die Anforderungen des Krieges meistern kann, denn er muss sowohl das dienende als auch das befehlende Kriegshandwerk beherrschen.[94]

Sollte kein Bewohner der Stadt diese sechs Qualitäten erfüllen, so müsse nach einem Herrscher Ausschau gehalten werden, der zumindest die Weisheit besitzt. Erst wenn diese nicht Teil der Herrschaft ist, sei die Stadt dem Untergang geweiht.[95]

Gemäß dem Fall, dass sich die Qualitäten zur Herrschaft nicht in einem Menschen, sondern nur in mehreren finden, dann sollen diese, so Al-Farabi, in Einverständnis miteinander regieren.[96]

Als die beste Staatsform betrachtete Al-Farabi die nicht vererbbare Monarchie oder Aristokratie.

Fundament des Staates sollte die Philosophie sein. Damit war Al-Farabi ein Vordenker der Autonomie des Politischen und der Trennung zwischen Religion und Staat.[97] Dies sollten Muslime nicht negativ bewerten, schließlich schützt eine solche Trennung die Religion vor Kalifen und Politikern, die diese für die eigene Machtstabilisierung und Machtgewinnung ge- oder missbrauchen möchten.

Doch zugleich ist es unübersehbar, dass Al-Farabi die Versuchung der Macht, der auch der Philosophenregent ausgesetzt wäre, völlig außer Acht gelassen hat. Schließlich ist der Herrscher immer noch ein Mensch, bei dem sich Begierden und Triebe ebenso finden wie bei der übrigen Bevölkerung. Trotz seiner philosophischen Ausbildung würde auch der uneingeschränkte

---

94 Al-Fārābī, Abū Nasr (2009: 93-94).
95 Vgl. ebda. (94).
96 Vgl. ebda.
97 Vgl. Campagna, Norbert (2010: 18-19).

Regent in die Versuchung geraten, die Macht zum eigenen Vorteil zu missbrauchen. Macht ist und bleibt stets eine Verlockung. Ein vortrefflicher Charakter und ein ausgezeichnetes Wissen reichen nicht aus, um vor ihr gefeit zu sein. Deshalb braucht es Gewaltenteilung und -kontrolle, beides Aspekte, die bei Al-Farabis politischer Theorie gänzlich fehlen.

Aber nicht nur der Herrscher, sondern auch die Bewohner der vortrefflichen Stadt benötigen Grundkenntnisse, damit diese Stadt als vortrefflich bezeichnet werden kann. Es sind die Kenntnis:[98]

- der ersten Ursache und ihrer Eigenschaften,
- dann der Schöpfung, die Gottes Emanation entspringt,
- der Entstehung des Menschen und seiner Fähigkeiten,
- der Qualitäten des ersten Herrschers und derjenigen, die seinen Platz einnehmen müssen, wenn dieser nicht vorhanden ist,
- und schließlich die Kenntnisse über die Qualitäten der Bewohner der vortrefflichen Stadt und der ihr entgegengesetzt verhaltenen Städte und was mit den Seelen der Bewohner der jeweiligen Stadt nach dem Tod geschieht.

Letzteres verdeutlicht, dass Al-Farabi das Seelenheil des Menschen von der Qualität seiner Gemeinschaft abhängig macht. Ausgehend von der vortrefflichen Stadt entwickelte Al-Farabi seine Typologie der politischen Regime. Der vortrefflichen Stadt stehen die ignorante, die amoralische, die Stadt, die ihren Charakter verändert hat, und die irrende Stadt gegenüber.

Die ignorante Stadt ist nach Al-Farabi jene, deren Bewohner die Glückseligkeit nicht kennen. Sie geben sich mit einer oberflächigen, materialistischen Lebensweise zufrieden, die aus körperlicher Gesundheit, Wohlstand, Genuss, der Freiheit, den eigenen Wünschen zu

---

98 Vgl. Al-Fārābī, Abū Nasr (2009: 105-106).

folgen, sowie Wertschätzung und Ehre zu empfangen, besteht. Je nach Schwerpunkt der materialistischen Lebensweise unterteilt Al-Farabi die ignorante Stadt. So ist die Stadt der Notwendigkeit jene, in der ihre Bewohner nur nach dem Existenziellen streben, also Essen, Trinken, Kleidung, Wohnen und Geschlechtsverkehr. In der Stadt der Verworfenheit besteht das materialistische Bestreben ihrer Bewohner lediglich aus Wohlstand und Reichtum. Dieses wird nicht als Zweck, sondern als Lebensziel angesehen. Dann die Stadt der Niedrigkeit und des Verfalls, deren Bewohner es neben dem Existenziellen noch nach Unterhaltung und Spiel verlangt. Weiter die Stadt der Ehre, in der das einzige Ziel ihrer Bewohner ist, durch Zusammenarbeit Ehre und Berühmtheit in dieser Welt zu erfahren. Eine andere ist die Stadt der Machtausübung, deren Bewohner es danach dürstet, andere Städte zu erobern. Schließlich die Stadt des Kollektivs, in der alle Bewohner frei sein wollen und jede Form von Besitz aufhört zu existieren. Jeder kann in ihr tun, was er will, und sich nehmen, was er möchte.[99] Dies bedeutet allerdings im Umkehrschluss nicht, dass in der vortrefflichen Stadt materieller Fortschritt und Wohlstand keine Rolle spielen, ganz im Gegenteil, allerdings sind die Bewohner dieser Stadt sich bewusst, dass diese Mittel und Zweck und nicht Ziel sind, also nicht Bestandteil wahrhafter Glückseligkeit.[100]

In der amoralischen Stadt kennen die Bewohner Gott und die Glückseligkeit. Sie verfügen über den gleichen Wissensstand wie die Bewohner der vortrefflichen Stadt, allerdings gleichen ihre Handlungen denen der Bewohner der ignoranten Städte.[101]

---

99 Vgl. ebda. (95-96).
100 Vgl. Campagna, Norbert (2010: 136).
101 Vgl. Al-Fārābī, Abū Nasr (2009: 96).

Die Stadt, die ihren Charakter verändert hat, ist eine Stadt, die dereinst eine vortreffliche Stadt war, sich dann aber hin zu einer amoralischen Stadt wandelte.[102]

Die Bewohner der irrenden Stadt hoffen auf die Glückseligkeit und das Jenseits. Allerdings haben sie eine falsche Vorstellung von Gott.[103] Interessanterweise zählte Al-Farabi, so Fakhry, auch die Mystik – selbst in ihrer islamischen Gestalt – zu einer solchen Verirrung.[104]

Wie bereits angedeutet, ist das Seelenheil des Menschen mit seiner Gemeinschaft verknüpft. Wie Platon wies auch Al-Farabi die irdische Beschaffenheit des Menschen als ganzheitlich zurück. Für Al-Farabi stellt allein die Seele die Essenz des Menschen dar, die nach dem Tod des Körpers befreit und losgelöst einen Zustand der Perfektion erreicht.[105] Doch dies sei nur den Seelen der Bewohner der vortrefflichen Stadt vergönnt. Die Seelen der Menschen in den anderen Städten würden mitsamt dem Sterben des Körpers vergehen.[106]

Die Frage, ob die individuelle Seele nach dem Tod fortbestehe oder ob sie Teil einer kollektiven Weltseele werde, beantwortete Al-Farabi in seinen Schriften widersprüchlich.[107]

Al-Farabi entscheidet den Konflikt um die inhaltliche Bestimmung der Philosophie im Islam für sich – vorerst. Unter Philosophie wird nicht *ḥikma*, sondern *falsafa*, also eine islamisierte aristotelische und neuplatonische Philosophie verstanden. Al-Farabi wird damit zum eigentlichen Begründer der *falsafa*.

---

102 Vgl. ebda. (96-97).
103 Vgl. ebda. (97).
104 Vgl. Fakhry, Majid (2002: 121).
105 Vgl. ebda. (120).
106 Vgl. ebda. (132).
107 Vgl. De Boer, T. J. (1967: 121).

Literatur

Al-Daghistani, Raid (2016): Falsafa. Einführung in die klassische arabisch-islamische Philosophie. Freiburg.

Al-Farabi, Abu Nasr (1999): Das Buch der Ringsteine Farabis. Münster.

Al-Farabi (2005): Über die Wissenschaften. Hamburg.

Al-Fārābī, Abū Naṣr (2009): Die Prinzipien der Ansichten der Bewohner der vortrefflichen Stadt. Stuttgart.

Al-Ma'sumi, Muhammad Saghir Hasan (1963): Al-Fārābi. In: Sharif, M. M.: History of Muslim Philosophy. Wiesbaden: 704-717.

Campagna, Norbert (2010): Alfarabi – Denker zwischen Orient und Okzident. Berlin.

De Boer, T. J. (1967): The History of Philosophy in Islam. New York.

Fakhry, Majid (1965): Al-Farabi and the Reconciliation of Plato and Aristotle. In: Journal of the History of Ideas 26 (4): 469-478.

Fakhry, Majid (1983): A History of Islamic Philosophy. London.

Fakhry, Majid (2002): Al-Fārābi, Founder of Islamic Neoplatonism. His Life, Works and Influence. Oxford.

Hendrich, Geert (2011): Arabisch-Islamische Philosophie. Geschichte und Gegenwart. Frankfurt am Main.

Lerch, Wolfgang Günter (2002): Denker des Propheten. Die Philosophie des Islam. München.

Madkour, Ibrahim (1963): Al-Fārābi. In: Sharif, M. M.: History of Muslim Philosophy. Wiesbaden: 450-468.

Mahdi, Muhsin S. (2001): Alfarabi and the Foundation of Islamic Political Philosophy. Chicago.

Reisman, David C. (2005): Al-Fārābī and the philosophical curriculum. In: Adamson, Peter: The Cambridge Companion to Arabic Philosophy. Cambridge: 52-71.

Shehadi, Fadlou (1982): Metaphysics in Islamic Philosophy. New York.

Sheikh, M. Saeed (1982): Islamic Philosophy. London.

Turki, Mohamed (2015): Einführung in die arabisch-islamische Philosophie. München.

Watt, Montgomery Watt (2004): Islamic Philosophy and Theology. Edinburgh.

Yousefi, Hamid Reza (2014): Einführung in die islamische Philosophie. Eine Geschichte des Denkens von den Anfängen bis zur Gegenwart. Paderborn.

Eine Gegenüberstellung der Verfasstheit von Gemeinschaft bei Platon und Al-Fārābī
Büsra Yücel

Wie sollte eine Gemeinschaft idealerweise aussehen? Wie sollte der Herrscher sein? Wie sollte das politische Gemeinwesen strukturiert und geordnet sein? Diese und weitere Fragen werden im Rahmen dieses Aufsatzes beantwortet, indem die politische Philosophie von Platon und Al-Fārābī miteinander verglichen werden. Dies deshalb, weil Al-Fārābī sich stark von Platons und Aristoteles Lehren inspirieren lassen hat und diese, wenn sie in arabischer Sprache vorhanden waren, studiert hat. Als Hauptbezugsquellen werden die Bücher *Der Staat* von Platon und *Die Ansichten der Bewohner der vortrefflichen Stadt* von Al-Fārābī betrachtet.

Platon

Platon wurde 427 vor Christus als Sohn einer adligen Athener Familie geboren und verstarb 347 v. Chr. in Athen. Er gilt als der bedeutenste Schüler von Sokrates, der 399 v. Chr. wegen angeblicher Blasphemie durch das Volk von Athen zum Tode verurteilt wurde.[108] Platon lernte Sokrates mit 20 Jahren kennen und blieb acht

---

108 Vgl. Dieter Oberndörfer/Beate Rosenzweig (Hg.), Klassische Staatsphilosophie, München 2000, S.17.

Jahre lang sein Schüler.[109] Sokrates Lehren und sein Tod prägten Platon nachhaltig und somit auch seine Philosophie. Die platonischen und sokratischen Lehren sind daher nur schwer voneinander zu unterscheiden, nicht nur, weil Platon seine Werke in der Form eines Dialogs mit Sokrates verfasste.[110]

Für viele gilt Platon als Begründer der politischen Philosophie. Das demokratische Athen war zur damaligen Zeit der Mittelpunkt der Politik und des politischen Denkens.[111] Platon, der die Demokratie infolge der Hinrichtung Sokrates ablehnte, stellte seinen idealen Staat als Gegenbild zum damaligen Athen auf.[112] Die Verwirklichung der wahren Gerechtigkeit in einem solchen Staat ist das Leitthema von Platons politischer Philosophie.[113] Gerechtigkeit ist nach Platon erst durch eine gerechte Herrschaft und eine gerechte hierarchische Ordnung möglich. Die Gerechtigkeit des Staates orientiert sich an Gott und seiner kosmischen Ordnung.[114]

*Grund der Entstehung einer Gemeinschaft
und ihre Stadien*

Nach Platon ist der Grund für die Entstehung einer Gemeinschaft, dass ein einzelner Mensch sich selbst nicht genügen kann, sondern mehrere Menschen benötigt, um seinen Bedürfnissen nachzukommen. Für jedes Bedürfnis braucht man einen Menschen, sodass die

---

109 Vgl. Hans Joachim Störig, Kleine Weltgeschichte der Philosophie, Stuttgart 2010, S.155f.
110 Vgl. Christian Schwaabe, Politische Theorie 1, Paderborn 2007, S.21.
111 Vgl. ebd. S.24.
112 Vgl. ebd. S.22.
113 Vgl. ebd. S.25.
114 Vgl. Oberndörfer/Rosenzweig, Klassische Staatsphilosophie, S.17.

Vielfalt der Bedürfnisse dazu führt, dass sich eine Vielzahl von Menschen zusammenfindet und eine Stadt entsteht.[115] Somit ist das menschliche Bedürfnis der Gründungsgrund einer Gemeinschaft.

Als größtes Bedürfnis sieht Platon die Sicherstellung der Nahrungversorgung, dem folgen die Unterkunft und schließlich die Kleidung.[116]

Platon unterscheidet drei Stadien zur Entwicklung bzw. Entstehung der idealen Stadt: Die erste Phase ist die der echten bzw. gesunden Stadt. In *Der Staat* wird sie auch „ein Staat von Schweinen"[117] genannt, da sie nur auf das Notwendigste beschränkt ist.[118] Sie entsteht, um durch Arbeitsteilung die Grundbedürfnisse der Menschen zu befriedigen. In dieser Stadt findet ein zufriedenes Leben auf der Basis gegenseitiger Kooperation statt,[119] bei der jeder Untertan seinen Begabungen nachgeht und somit sowohl zum eigenen als auch gemeinschaftlichen Wohl beiträgt.[120] Die Grenzen des Notwendigen werden in diesem Stadium nicht überschritten.[121]

Das zweite Stadium bildet die sogenannte aufgeschwemmte Stadt, auch Luxusstaat genannt. Die Bedürfnisse der Menschen dieser Stadt wachsen über das Maß des Notwendigen hinaus.[122] Es entsteht in ihr eine Suche nach der Befriedigung von immer weiteren Bedürfnissen und Luxus, der aufgrund von Ressourcenknappheit zu Expansion, Anfeindungen und Krieg, also

---

115 Vgl. Otto Apelt, Der Staat, Hamburg 1989, S. 64.
116 Vgl. Oberndörfer/Rosenzweig, Klassische Staatsphilosophie, S.20.
117 Apelt, Der Staat, S.69.
118 Vgl. Karlheinz Hülser, Platon für Anfänger, München 2005, S.34.
119 Vgl. Schwaabe, Politische Theorie 1, S.27.
120 Vgl. Apelt, Der Staat, S.65.
121 Vgl. Wolfgang Kersting, Platons „Staat", Darmstadt 1999, S.330.
122 Vgl. Apelt, Der Staat, S.71.

zu Instabilität führt.[123] Diese nun üppige Stadt ist fortan auf Krieger angewiesen.[124] Zugleich besitzt diese Stadt erst jetzt das Potenzial und die institutionellen Voraussetzungen, um sich zu einer idealen Stadt zu entwickeln.[125]

Die Stadt wird nun in diesem dritten Stadium von ihrer Maßlosigkeit und Vielfalt der Bedürfnisse gereinigt, um zur besten und gerechtesten Stadt umgewandelt zu werden. Die beste Stadt ist auf drei wesentliche Funktionen reduziert: die Ernährung, die Verteidigung und die Regierung.[126]

Analogie zwischen der Stadt und der menschlichen Seele

Platons Ursprungsfrage in *Der Staat* ist die Frage nach der Gerechtigkeit. Strategisch geht er von einem einheitlichen Gerechtigkeitsbegriff aus, sodass er vorerst die Gerechtigkeit beim Größeren, d. h. in der Stadt, dann beim einzelnen Menschen finden will, da sie im Größeren leichter zu erkennen sei. Nachdem Platon mit dem Größeren, also mit der Stadt abgeschlossen hat, geht er auf den einzelnen Menschen ein, jedoch stellt er dafür erst einmal eine Analogie zwischen der Stadt und dem Menschen her.[127]

In *Der Staat* wird eine Verbindung vom Glück des Einzelnen zum Glück der Stadt und von der Ordnung der Seele zur Ordnung der Stadt hergestellt. Nach Platon lässt sich an der Stadt und ihrer Ordnung die Ordnung der Seele besser aufzeigen. Die Stadt und die Seele sind voneinander abhängig. Wenn die Seele geordnet

---

123 Vgl. Schwaabe, Politische Theorie 1, S.28.
124 Vgl. Apelt, Der Staat, S.71.
125 Vgl. Kersting, Platons „Staat", Darmstadt 1999, S.331.
126 Vgl. Schwaabe, Politische Theorie 1, S. 27f.
127 Vgl. Apelt, Der Staat, S.63.

ist, dann ist es die Stadt auch. Wenn die Seele in Unordnung gerät, wird auch die Stadt ungerecht und ungeordnet sein.[128]

In der idealen Stadt finden sich drei Stände, nämlich die der Ernährer, der Krieger und der Herrscher. Die Krieger und Herrscher bilden zusammen den übergeordneten Wächterstand. Die drei Stände zeichnen sich durch bestimmte Eigenschaften (spezifische Tugenden) aus, und zwar die Besonnenheit (sophrosyne), die Tapferkeit (andreia) und die Weisheit (sophia).[129] Diese Tugenden findet man auch beim einzelnen Stadtbewohner wieder.

Platon geht weiter auf die drei Teile der menschlichen Seele und ihre Funktionen ein: die Begierde, den Mut und die Vernunft. Die Begierde sorgt für die Ernährung der Seele, durch den Mut wird sie geschützt und die Vernunft leitet und regiert sie. Hier zieht Platon nun eine Parallele zur Stadt. Die Stadt muss ebenfalls ernährt, bewacht und geleitet werden.[130]

Herrscherstand, Wehrstand und Nährstand

Bedeutsam ist in Platons bester Stadt das Prinzip der Idiopragie, und zwar im Kontext zur Stadt, dass jeder innerhalb seines Standes das Seine tut, und zwar das, was der Einzelne am besten kann, denn nur so kann in der Stadt Gerechtigkeit herrschen. Dies bedeutet gleichzeitig, dass die Idiopragie die Vielgeschäftigkeit ablehnt.[131] Dadurch, dass jeder nur einer einzigen Kunst bzw. Tätigkeit nachgeht, kann er diese auch ohne Verzug tun, da er keine andere ablenkende Nebenbeschäfti-

---

128 Vgl. Schwaabe, Politische Theorie 1, S. 27.
129 Vgl. ebd. S.28.
130 Vgl. Apelt, Der Staat, S.167ff.
131 Vgl. Kersting, Platons „Staat", S.331.

gung hat.[132] Im Gegensatz dazu ist es für Platon ungerecht und schlecht, dass man vieles zugleich machen oder einer fremden Tätigkeit nachgehen muss.[133] Somit stellt Platon ein ökonomisches Prinzip der Arbeitsteilung mit individueller Spezialisierung auf. Es herrscht eine strenge Trennung zwischen dem Herrscher und den Beherrschten. Die drei Stände, der Nährstand, Wehrstand und Herrscherstand, sind deutlich voneinander getrennt. Den Nährstand machen die Bauern und Handwerker aus. Ihre Tugend bzw. Eigenschaft ist die Besonnenheit. In der gerechten Stadt können sie dieser nachkommen. Der Wehrstand besteht aus den Kriegern, also den Wehrmännern und Gehilfen, die mit ihrer Tapferkeit die Stadt verteidigen, und den Herrscherstand vertreten die Philosophen. Sie sind weise, was dazu führt, dass sie die Politik richtig ausüben.[134]

Besonnenheit, Tapferkeit, Weisheit und Gerechtigkeit sind es nach Platon, die zur Entstehung der besten Stadt führen. Die Gerechtigkeit ist ein Prinzip, welches die Ordnung der Stadt schützt und absichert. Die Besonnenheit ist kennzeichnend für den Nährstand. Durch die Besonnenheit und die Einsicht bzw. den Konsens darüber, dass die Besten die Stadt leiten sollen, herrschen Harmonie, Übereinstimmung und ein Zustand des friedlichen Zusammenlebens. Vor allem für den Nährstand heißt es, dass sie sich freiwillig und gehorsam unter die Herrschaft der Philosophen stellen. Die beste Stadt hat somit nach Platons Vorstellung eine strikte hierarchische Ordnung, die für eine gute Ordnung in der Stadt sorgen soll. Nach Platon sollte der Herrscherstand uneingeschränkte Macht haben, da diese idealen Herrscher, also die Philosophen, eine umfassende Kenntnis davon haben, was für das Individuum und die Gemeinschaft gut ist. Nach Platon ist folglich eine Gewaltentei-

---

132 Vgl. Apelt, Der Staat, S.65f.
133 Vgl. ebd. S.155f.
134 Vgl. Schwaabe, Politische Theorie 1, S.28f.

lung unnötig, da die Regierung schon in den Händen jener ist, die die politische Kunst beherrschen und somit das Richtige tun. Die beste Stadt ist demzufolge eine radikale Meritokratie, das heißt, die Stände werden nach Leistung und Verdienst eingeteilt.

Diese Arbeitsteilung verdeutlicht, dass die Menschen ungleich sind, und zwar ungleich in ihrer Begabung und ihren Fähigkeiten. Das Prinzip der Ordnung der Stadt beruht nicht auf Gleichheit, sondern auf der natürlich begründeten Ungleichheit (Metallmythos). Platon sieht kein System von Kasten oder geschlossenen Ständen vor. Für ihn lässt sich die Zugehörigkeit eines Standes nicht vererben.[135]

Erziehung der Stände

Da die Ämter je nach Leistung vergeben und die Stände nach den Tüchtigkeiten eingeordnet werden, spielt die Erziehung für Platon eine entscheidende Rolle für den Erhalt der besten Stadt.[136]

Auch der Umfang der Erziehung ist hierarchisch aufgeteilt, je nach Verantwortung des jeweiligen Standes. An unterster Stelle steht der Nährstand. Dem Wächterstand wird dagegen eine umfassende Bildung zuteil, da er sich um das Gemeinwesen kümmert.[137]

Erziehung und Ordnung des Wächterstandes

Die angehenden Wächter sollen von Kindheit an zunächst eine musische Bildung für die Seele, anschließend eine gymnastische Ausbildung für den Körper

---

135 Vgl. ebda. S.28-30.
136 Vgl. ebd. S.30.
137 Vgl. Kersting, Platons „Staat", S.331.

erhalten.[138] Platon erachtet die frühzeitige Erziehung der Kinder als wichtig, da man in der Kindheit geprägt und leichter geformt wird. Um die Erziehung der Kinder kümmern sich Mütter und Ammen.[139] Platon legt bei der musischen Erziehung auf die Vorstellung des Göttlichen Wert. Er fordert, dass die Menschen von den Lügen der griechischen Mythologie gereinigt werden müssen.[140] Dabei sind ihm zwei Grundsätze wichtig, und zwar zum einen, dass Gott gut und die Ursache des Schlechten eine andere ist,[141] und zum anderen, dass Gott nicht betrügt und sich nicht verwandelt.[142] In Platons Vorstellung sollen die Wächter gottesfürchtig sein und sich dem Göttlichen, so weit es möglich ist, annähern.[143]

Platon erwartet, dass die musische und gymnastische Erziehung im Gleichgewicht gehalten wird, damit sich die Elemente der Tapferkeit und der Weisheit zu gleichen Anteilen im Menschen entwickeln.[144]

Zudem sollen die Wächter noch einige Wissenschaften erlernen, wie z. B. die Arithmetik, Geometrie und Astronomie. Die Idee des Guten ist die höchste Wissenschaft. Im Ehrgeiz der Studenten beim Erwerb des Wissens zeigt sich für Platon, ob diese dem Wächteramt gewachsen sind. Je höher der Schwierigkeitsgrad der erlernten Wissenschaft ist, desto höher wird auch der zukünftige Rang eines Wächters sein.[145]

Nach Platon müssen die Wächter zwei Anforderungen erfüllen, die einen widersprüchlichen Anschein erwecken. Zum einen sollen die Wächter tapfer und

---

138 Vgl. Apelt, Der Staat, S.76.
139 Vgl. ebd. S.77.
140 Vgl. Oberndörfer/Rosenzweig, Klassische Staatsphilosophie, S.18.
141 Vgl. ebd. S.79f.
142 Vgl. ebd. S.85f.
143 Vgl. ebd. S.86.
144 Vgl. Apelt, Der Staat, S.125.
145 Vgl. ebda. S.254ff.

mutig und zum anderen sanftmütig sein. Das heißt, sie sollen gegenüber dem Feind boshaft sein, jedoch den Untertanen der Stadt gegenüber freundlich,[146] so wie der Hund, der gegenüber einem Bekannten freundlich und gegenüber einem Fremden bellend und bedrohlich reagiert.[147] Weitere Eigenschaften, die Platon von den Wächtern erwartet, sind, dass sie eine scharfe Wahrnehmungsfähigkeit haben, geschickt sind und Stärke aufweisen.[148]

Es müssen drei Bedingungen gegeben sein, damit das Konzept der idealen Stadt von Platon aufgehen kann. Die erste Bedingung ist nach Platon die Gleichberechtigung der Geschlechter bzw. die Gleichstellung der Frau.[149] Nach Platon sollten die Frauen den gleichen Tätigkeiten wie die Männer nachgehen. Sie genießen dieselbe Ausbildung wie die Männer und gehen der Tätigkeit nach, die ihnen am besten liegt.[150] Zwar ist die Frau nach Platon bei allem schwächer als der Mann,[151] jedoch hindert sie das nicht daran, Kriegsdienst zu leisten und den Herrscherstand vertreten zu können.[152]

Als zweite Bedingung möchte Platon im Wächterstand Frauen- und Kindergemeinschaften.[153] Danach darf kein Mann mit einer Frau allein zusammen sein bzw. zusammenleben, vielmehr teilen sich alle Männer alle Frauen. Das Gleiche gilt für die Kinder, denn niemand darf sein Kind sein eigenes nennen, da die Kinder allen aus dem Wächterstand gehören, sodass niemand

---

146 Vgl. ebd. S.73.
147 Vgl. ebd. S.74.
148 Vgl. ebd. S.73.
149 Vgl. Kersting, Platons „Staat", S.332.
150 Vgl. Apelt, Der Staat, S.179.
151 Vgl. ebd. S.185.
152 Vgl. Schwaabe, Politische Theorie 1, S.30.
153 Vgl. Kersting, Platons „Staat", S.332.

weiß, wer sein leibliches Kind bzw. sein leiblicher Vater ist.[154]

Des Weiteren leben die Wächter in einer Gemeinschaft zusammen, sie wohnen und speisen gemeinsam.[155]

Um für die ideale Vererbung der besten Eigenschaften zu sorgen, stellte Platon Regeln für den Beischlaf und die Kindererzeugung auf.[156] Die Kinder der guten Paarung werden von Behörden übernommen und aufgezogen, wobei die anderen Kinder an einen unbekannten Ort kommen.[157] Dies darf jedoch niemand außer dem Herrscher wissen, damit es im Wächterstand nicht zu Streitigkeiten kommt.[158]

Der Wächterstand soll in Platons Denken zu einer Einheit zusammenwachsen und sich Freude und Schmerz teilen.[159] Sie werden nach Platon durch dieses gemeinschaftliche Leben glücklich, da der Wächterstand ihnen alles bietet, was sie brauchen[160] und Streitigkeiten aufgrund von Geld, Kindern oder Verwandten erst gar nicht entstehen, weil die Wächter ein Leben frei von Abhängigkeiten führen. Sie haben nichts weiter als ihren eigenen Körper.[161]

Erziehung und Ordnung des Herrscherstandes

Die dritte Bedingung zur Verwirklichung des Idealstaates ist die Philosophenherrschaft, da nach Platon Einklang zwischen Macht und Philosophie herrschen muss.

---

154 Vgl. Apelt, Der Staat, S.188.
155 Vgl. ebd. S.189.
156 Vgl. ebd. S.191.
157 Vgl. ebd. S.192.
158 Vgl. ebd. S.191.
159 Vgl. ebd. S.194f.
160 Vgl. ebd. S.200f.
161 Vgl. ebd. S.199.

Die Philosophenherrschaft sorgt für das Glück des Einzelnen und der gesamten Stadt.[162]

Der Herrscherstand generiert sich dabei aus dem Wächterstand. Um die besten Wächter als Regenten auszuwählen, schlägt Platon einige Erprobungen und Tests vor, die die Wächter von Kindheit an bestehen müssen. Die potenziellen Regenten müssen eine „Haltung zeigen, die ihnen selbst wie dem Staat am meisten nützt"[163].

Dem Herrschaftsstand an sich gehören nicht viele Personen an.[164] Diese haben aufgrund ihrer Erziehung und Bildung Zugang zum eigentlichen Wissen[165] und Anteil an der göttlichen Vernunft,[166] wohingegen sich die Menschenmasse nur auf ihre Meinung und Vernunft verlässt. Die Philosophen kennen den wahren Wert der Dinge.

Die Philosophenkönige können, im Gegensatz zu Gesetzen, Entscheidungen von Fall zu Fall über das Gute und Rechte fällen.[167] Platon sieht die Gefährdung der Stabilität der Stadt in dem Streit um Güter,[168] deswegen haben die Herrscher der besten Stadt kein Interesse an Macht, Reichtum und Ruhm und leben besitzlos.[169] Das Familienleben wird, wie beim Wächterstand, durch die Vergemeinschaftung der Frauen und die Aufnahme der Kinder in den staatlichen Erziehungsanstalten aufgehoben.[170] Die Regenten nutzen ihre Macht

---

162 Vgl. Apelt, Der Staat, S.213.
163 Ebd. S.128.
164 Vgl. Oberndörfer/Rosenzweig, Klassische Staatsphilosophie, S.17.
165 Vgl. Schwaabe, Politische Theorie 1, S.32.
166 Vgl. Oberndörfer/Rosenzweig, Klassische Staatsphilosophie, S.17.
167 Vgl. ebd. S.17.
168 Vgl. ebd. S.18.
169 Vgl. Schwaabe, Politische Theorie 1, S.35.
170 Vgl. Oberndörfer/Rosenzweig, Klassische Staatsphilosophie, S.18.

nicht für persönliche Zwecke, sondern wollen nur das Gute bezwecken.[171] Die Herrscher sind somit gottgleiche Menschen (Gottkönige), die in jeder Situation das Wahre und Richtige ohne Fehler bestimmen können. Meinungsvielfalt und Widerspruch sind für sie gefährlich und werden deshalb im Staat verhindert.[172]

Al-Fārābī

Das Werk *Die Prinzipien der Ansichten der Bewohner der vortrefflichen Stadt* verfasste Al-Fārābī im hohen Alter. Es spiegelt die Summe seiner metaphysischen, ethischen und politischen Ansichten wider. Hierin entwirft Al-Fārābī ein Modell, in dem das Individuum und die Gemeinschaft im Einklang mit der kosmischen Ordnung stehen, um zur vollkommenen Glückseligkeit zu gelangen. Hierbei ist der Mensch maßgeblich auf seine Vernunft angewiesen, damit er seinem Leben diese Richtung geben kann. Hierzu muss sein Leben geordnet werden, was nur in einer vollkommenen Gemeinschaft möglich ist, die wiederum unter der Leitung eines vollkommenen Herrschers bzw. einer vollkommenen Herrschergruppe steht. Dieser Herrscher soll ein Philosoph sein, damit die vortreffliche Gemeinschaft von der Vernunft gesteuert wird, wie es beim Menschen auch der Fall ist.[173]

---

171 Vgl. Schwaabe, Politische Theorie 1, S.35.
172 Vgl. Oberndörfer/Rosenzweig, Klassische Staatsphilosophie, S.18.
173 Vgl. ebd. S.67f.

Arten von vollkommener Gemeinschaft

Nach Al- Fārābī gibt es drei Arten von vollkommenen Gemeinschaften, und zwar die große, mittlere und kleine. Die große vollkommene Gemeinschaft umfasst alle Bewohner der Erde bzw. mehrere Nationen,[174] die mittlere Gemeinschaft ist die einer Nation und die kleine Gemeinschaft bezieht sich auf die Gemeinschaft einer Stadt. Zu den unvollkommenen Gemeinschaften gehören das Dorf, das Viertel, die Straße und das Haus, d. h. eine Gemeinschaft muss mindestens die Größe einer Stadt besitzen.[175] Das Erreichen der Glückseligkeit ist am besten in der Stadt möglich.[176]

Al-Fārābī nimmt in seiner politischen Gemeinschaft das Gute im Menschen als Prämisse und möchte dieses realisieren, damit die Glückseligkeit erreicht werden kann. Dies ist nach Al-Fārābī nur durch die Philosophie möglich, was man später deutlicher bei den Herrschereigenschaften sehen wird.[177]

Gründe der Entstehung einer Gemeinschaft

Nach Al-Fārābī braucht jeder einzelne Mensch von Natur aus andere Individuen, um sich mit bestimmten notwendigen Dingen zu versorgen, da der Mensch sie nicht alle allein beschaffen kann. Der Mensch braucht daher andere Menschen für seine weitere Existenz und

---

174 Vgl. Norbert Campagna, Alfarabi. Denker zwischen Orient und Okzident, S.130.
175 Vgl. al-Fārābī, Die Prinzipien der Ansichten der Bewohner der vortrefflichen Stadt, S.83.
176 Vgl. Mesut Yılmaz, Platon ve Fârâbî'nin ütopik devlet anlayışlarının karşılaştırması, Diyarbakır 2005, S.70.
177 Vgl. al-Fārābī, Die Prinzipien der Ansichten der Bewohner der vortrefflichen Stadt, S.152.

muss sich folglich mit anderen zusammenschließen, um die größtmögliche Vollkommenheit zu erlangen.[178]

Es gibt allerdings noch weitere Erklärungsansätze für die Entstehung einer Gemeinschaft. Ontologisch lässt sich das so erklären, dass die Menschen das System bzw. die Ordnung der seienden Dinge nachahmen. Weiter erklärt Fārābī die Entstehung einer Gemeinschaft am Beispiel der Ordnung im menschlichen Körper. Auf dieses Beispiel wird im Folgenden detaillierter eingegangen. Eine weitere Erklärung ist, dass zwei Kräfte dafür sorgen, dass eine Gemeinschaft zusammenlebt, und zwar die Liebe und die Gerechtigkeit. Der Mensch, der die Glückseligkeit zum Ziel hat, benötigt eine Gemeinschaft, die die Gerechtigkeit durchsetzt, damit er glücklich werden kann.[179]

Al-Fārābīs Analogie des Körpers mit der Stadt

Al-Fārābī vergleicht die vortreffliche Stadt mit dem gesunden vollkommenen Körper. Bei dem gesunden Körper arbeiten alle Organe für die Vollkommenheit und die Existenz des Lebewesens zusammen. Alle Körperteile (Glieder des Körpers) unterscheiden sich und weisen andere Eigenschaften auf. Dies macht sie auch verschieden in ihrem Rang. Das einzig beherrschende Organ ist das Herz. Die Organe, die vom Rang her nah am Herz sind, sind Organe, die individuelle Fähigkeiten haben, diese aber in Übereinstimmung mit dem natürlichen Ziel des Herzens ausüben. Die Organe im zweiten Rang üben ihre Tätigkeiten für die Funktion der Organe aus, die kein Zwischenglied zwischen sich und dem herrschenden Organ, d. h. dem Herz, haben. Die Organe im nächsten Rang üben ihre Funktionen entsprechend

---

178 Vgl. ebd. S.83.
179 Vgl. Mahmut Kaya, Fârâbî in: Islam Ansiklopedisi, Band 12, Istanbul 1995, S.153.

den Zielen der Organe des zweiten Ranges aus. Dies geht in dieser Form weiter, bis man zu einem Punkt gelangt, an dem die Organe nur noch eine dienende Funktion haben.[180]

Das Gleiche gilt für die Stadt. Die Teile der Stadt sind von Natur aus in ihren Fähigkeiten unterschiedlich. In der Stadt gibt es einen Herrscher und Menschen, die dem Herrscher in seinem Rang nahe sind, und zwar die Gruppe des ersten Ranges. Das sind diejenigen, die ihre Disposition zur Verwirklichung des Zieles des Herrschers nutzen. Die Menschen, die ihre Funktionen gemäß dem ersten Rang erfüllen, sind die Personen des zweiten Ranges. Dies geht in dieser Form weiter, bis eine Gruppe von Menschen erreicht wird, die ihre Funktionen entsprechend der Ziele anderer ausüben, jedoch unter sich niemand haben, die ihnen dienen. Sie bilden somit den untersten Rang.

Die Glieder des Körpers sind vollkommen natürlich, wohingegen die Teile der Stadt zwar eine natürliche Begabung haben, jedoch eher durch willentliche Charaktereigenschaften funktionieren, wie z. B. die Künste, die sie erlernen. Somit entspricht die natürliche Beschaffenheit der Organe den Dispositionen in der Stadt.

Das Herz ist als herrschendes Glied das perfekteste Organ des Körpers, somit ist der Herrscher der Stadt auch der vollkommenste Teil der Stadt mit seiner charakteristischen Begabung. Er steht über allen, da er von allem das Beste hat. Die Personen unter ihm werden von ihm beherrscht und herrschen gleichzeitig über andere.

Al-Fārābī möchte, dass der Herrscher die gleiche Rolle wie das Herz einnimmt. Das Herz sorgt als erstes Organ dafür, dass die anderen Glieder entstehen, ihren Rang einnehmen und ihre Fertigkeiten ausbilden. Es bringt bei Ausfall eines Organs den Körper wieder in Ordnung. Der Herrscher soll nach dem Muster des Her-

---

180 Vgl. al-Fārābī, Die Prinzipien der Ansichten der Bewohner der vortrefflichen Stadt, S.84f.

zens auf dieselbe Weise Ordnung in der Stadt schaffen. Er muss auch dafür sorgen, dass die Stadt nicht in Unordnung gerät, falls ein Teil ausfällt.

Je näher ein Organ am Herzen ist, umso vornehmer ist seine Funktion, d. h., dass die Organe, die am entferntesten sind, auch die untersten Funktionen ausüben. Das Gleiche gilt für die Stadt. Je näher man vom Rang her der Herrschaftsautorität ist, desto vornehmer ist die Tätigkeit. Die Teile, die dem Herrscher am entferntesten sind, üben die unwürdigsten Tätigkeiten aus. Manchmal wird die Tätigkeit nur als unwürdig erachtet, weil sie niedrig ist, jedoch muss man z. B. bei den Organen beachten, dass beispielsweise die Blase und der untere Darm sehr nützliche Tätigkeiten ausüben, trotz ihrer niederen Stellung. Das gilt auch für die Stadt.[181]

Vergleich der Stadt mit den seienden Dingen

Al-Fārābī vergleicht die Stadt weiter mit der kosmischen Seinsordnung. Er sieht das Verhältnis der seienden Dinge zur Ersten Ursache genau wie das Verhältnis zwischen dem Herrscher und den Beherrschten. Alle seienden Dinge führen ihre Funktion im Endeffekt für die Erste Ursache aus und dienen ihr, auch wenn je nach Rangfolge es so scheint, dass sie ihre Tätigkeit für das Ziel für den Darüberstehenden ausführen. Die, die der Ersten Ursache am nächsten sind, haben den höchsten Rang, so wie in der Stadt auch die, die dem Herrscher am nächsten sind. In der Stadt soll, wie beim Beispiel der seienden Dinge, jeder durch seine Handlungen dem Ziel seines Herrschers dienen.[182]

---

181 Vgl. ebd. S.84-87.
182 Vgl. ebd. S.87f.

Der Herrscher der vortrefflichen Stadt

Der Herrscher sollte für seine Regentschaft folgende zwei Voraussetzungen mitbringen. Er sollte die angeborene Fähigkeit zu herrschen besitzen und mit dem Willen des Herrschens veranlagt sein, damit er diese vertieft und erweitert. Das Herrschen ist eine Kunst, die keiner anderen gleicht. Es gibt Künste, denen gedient wird und die gleichzeitig dienen. Jedoch ist es bei der Kunst des Herrschens so, dass ihr nur gedient wird und sie keiner anderen Kunst dient. Somit muss die Kunst des Herrschens das Ziel vorgeben, zu dem alle anderen Künste mit ihren Tätigkeiten streben, so wie beim Vergleich mit den seienden Dingen.[183]

Der Herrscher der vortrefflichen Stadt steht über allen, das heißt, dass niemand Macht über ihm hat bzw. ihn beherrscht. Der Herrscher der vortrefflichen Stadt hat die höchste Stufe der Vollkommenheit und Glückseligkeit erreicht.[184] Außerdem kennt er jede Handlung wodurch die Glückseligkeit erreicht werden kann. Er ist ein guter Redner und muss die Fähigkeiten haben, seine Vorstellungskraft mit seinem Wissen zu vermehren und Leute zur Glückseligkeit zu leiten bzw. zu Taten zu veranlassen, die zur Glückseligkeit führen. Der Herrscher muss physisch in guter Verfassung sein, damit er den Ansprüchen im Falle einer Kriegssituation gerecht wird.[185] Er muss, neben seinem philosophischen Charakter, die Gabe der Prophetie beherrschen, die er dadurch erlangt, dass sein Intellekt in Verbindung mit dem aktiven Intellekt steht. Somit verbindet Al-Fārābī zwei Fähigkeiten, d. h. er kann die Erste Ursache und die seienden Dinge auf philosophische Art erklären

---

183 Vgl. ebd. S.88f.
184 Vgl. ebd.
185 Vgl. ebd. S.91.

und/oder er kann sie in religiöser Weise mit Bildern und Symbolen schildern.[186]

Der Herrscher dient durch seine Befehle den Untertanen der Stadt und dadurch, dass diese ihm gehorchen, dienen sie sich selbst und ihrem Herrscher. Der Herrscher ist dafür zuständig, dass ein Rahmen geschaffen wird, in dem die Potenziale der Untertanen zur Entfaltung gebracht werden können.[187]

Der Herrscher vereinigt folgende Eigenschaften in sich: Er muss z. B. Gesetzgeber sein und durch Gesetze dafür sorgen, dass das Erreichen des Glücks gefördert wird, und vermeiden, dass Gesetze entstehen, die dem Glück entgegenstehen. Außerdem muss der Herrscher, wie vorher erwähnt, Philosoph sein, damit er berechtigt ist, Gesetze zu erlassen, weil er das wahre Wesen des Glücks kennt. Des Weiteren soll der Herrscher einen vorbildlichen Charakter haben, sodass die Untertanen ihn nachahmen und er ihr Vorbild ist.[188]

Die zwölf Eigenschaften des idealen Herrschers

Al-Fārābī sucht in dem idealen Herrscher folgende zwölf angeborene Eigenschaften. Der Herrscher sollte gesunde Organe und Glieder haben, damit sie rechtmäßig ihre Pflicht erfüllen und der Herrscher sie einwandfrei nutzen kann. Er sollte das Gesagte des Sprechers verstehen können und in der Lage sein, sich dies vorzustellen und den Sinn und Zweck des Gesagten zu verstehen. Als dritte Eigenschaft erwartet Al-Fārābī ein gutes Gedächtnis vom Herrscher. Er soll sich das Gesagte und Gehörte gut merken und es nicht vergessen. Außerdem soll er nach Al-Fārābī scharfsinnig sein und

---

186 Vgl. ebd. S.151.
187 Vgl. Norbert Campagna, Alfarabi. Denker zwischen Orient und Okzident,S.162f.
188 Vgl. ebd. S.179ff.

eine gewählte und klare Ausdrucksweise besitzen. Als sechstes erwartet er, dass der Herrscher nach Wissen strebt und dieses kontinuierlich vermehrt. Zudem sollte er großen Wert auf Ehrlichkeit bei sich selbst und bei anderen Menschen legen und er sollte kein großes Verlangen nach Essen, Trinken und sexuellem Verkehr haben. Er sollte ein großes Herz haben und ehrliebend sein. Für ihn sollten Geld und andere weltlichen Ziele überflüssig sein und er sollte die Gerechtigkeit lieben und die Gleichheit vertreten. Dazu gehört, dass der Herrscher Unterdrückung und Ungerechtigkeit hassen soll, vor allem die, die dies ausüben. Demzufolge muss der Herrscher die Menschen zu gerechten Handlungen führen und gute Handlungen unterstützen. Außerdem muss er den Menschen, denen Unrecht zugefügt wurde, Mitleid zeigen und gegen die Ungerechtigkeit im Allgemeinen Widerstand leisten. Als letzte angeborene Eigenschaft erwartet Al-Fārābī eine starke Entschlossenheit vom Herrscher. Er soll für ihn Notwendiges ohne Scheu ausführen.[189]

Sechs Bedingungen der zweitrangigen Herrscher

Es ist schwer, einen einzigen Menschen mit all diesen zwölf Eigenschaften zu finden. Al-Fārābī ist sich dessen bewusst und vermindert die Bedingungen auf sechs für den Fall, dass man niemanden mit den vorher genannten zwölf Eigenschaften findet. Derjenige, der die Bedingungen erfüllt, ist der Herrscher der vortrefflichen Stadt. Wenn es niemanden gibt, der die Bedingungen erfüllt, dann gelten die Gesetze und Regeln der vorherigen (vortrefflichen) Herrscher.

Der Herrscher soll weise sein, die Gesetze und Bräuche der vorherigen Herrscher kennen, bewahren

---

189 Vgl. al-Fārābī, Die Prinzipien der Ansichten der Bewohner der vortrefflichen Stadt, S.91-93.

und sich an ihre Handlungsweise anpassen. Er muss eine hervorragende Leistung beim Ableiten von Gesetzen nach den Prinzipien der früheren vortrefflichen Herrscher vorweisen. Der Herrscher sollte als vierte Bedingung in Anbetracht der Vorteile der Stadt gut reflexiv denken und in neuen Situationen Gesetze ableiten können in Bereichen, in denen die vorherigen Herrscher keine Gesetze erlassen haben. Er muss durch seine Rede die Begabung bzw. die Überzeugungskraft haben, seine Gesetze und die seiner Vorgänger befolgen zu lassen. Als letztes muss der Herrscher im Kriegsfall die dienende und befehlende Rolle einnehmen können, d. h., dass er in einer starken physischen Verfassung sein muss.[190]

Wenn diese Kriterien in einem einzigen Menschen nicht gefunden werden können, aber zwei gemeinsam diese erfüllen, sodass zum Beispiel einer das Kriterium der Weisheit und der andere die restlichen fünf Kriterien erfüllt, so sind beide zusammen die Herrscher der Stadt. Wenn alle Eigenschaften auf sechs getrennte Personen verteilt sind, aber alle zusammen im Konsens entscheiden, dann sind alle sechs zusammen die Herrscher der Stadt. Fehlt jedoch das Kriterium der Weisheit beim Herrscher bzw. in der Herrschergruppe, dann hat die Stadt keinen vortrefflichen Herrscher mehr, welches allmählich zum Untergang der Stadt führt.[191]

Die Bewohner der vortrefflichen Stadt

Die Bewohner der vortrefflichen Stadt weisen Unterschiede und Gemeinsamkeiten in ihrem Verständnis und ihren Handlungen auf. Dies ist es auch, was ihre Glückseligkeit ausmacht, denn die Person erlangt die Glückseligkeit zum einen durch ihre Gemeinsamkeiten mit den

---

190 Vgl. ebd. S.93f.
191 Vgl. ebd. S.94.

anderen und zum anderen durch das, was sie in ihrer Klasse für sich selbst tut. Wenn jeder danach handelt, erlangen sie eine hervorragende Anlage der Seele. Je öfter man die Handlung ausführt, desto stärker und besser wird die ausgeübte Kunst, d. h. die Tätigkeit perfektioniert sich durch ihre Wiederholung. Die Freude und Zufriedenheit steigen mit jeder wiederholten Handlung und die Liebe zu ihr vermehrt sich. Je öfter man Handlungen ausführt, durch die man die Glückseligkeit erreicht, desto mehr entwickelt sich die Seeles bis sie den Grad der Vollkommenheit erreicht, wo sie unabhängig von der Materie ist, denn nur mit der vollkommenen Seele kann man die unendliche Glückseligkeit erreichen.[192]

Kenntnisse, die Al-Fārābī von den Bewohnern der vortrefflichen Stadt erwartet

Für Al-Fārābī ist es wichtig, was die Mitglieder des idealen Staates denken, was dazu führt, dass er statt institutionellen Strukturen großen Wert auf die Anschauungen der Untertanen legt.[193] Das heißt, er setzt von den Bewohnern der vortrefflichen Stadt Kenntnisse und Wissen voraus und gründet seine Stadt auf der Grundlage des Wissens.[194] So möchte er, dass sie in Kenntnis der Ersten Ursache und ihrer Eigenschaften sind. Sie sollen die immateriellen Dinge kennen und wissen, was ihre individuelle Beschaffenheit ist und wie sie geordnet sind. Genauso sollen die Bewohner in Kenntnis über die himmlischen Substanzen und ihre jeweilige Beschaffenheit sein. Sie sollen Wissen über die natürlichen Körper unterhalb des Menschen haben,

---

192 Vgl. ebd. S.98.
193 Vgl. Norbert Campagna, Alfarabi. Denker zwischen Orient und Okzident, S.156f.
194 Vgl. ebd. S.157.

vor allem über deren Entstehung und Vergehen. Sie sollten wissen, wie der Mensch und sein Seelenvermögen und wie die ersten Denkobjekte, der Wille und die Wahl durch den aktiven Intellekt entstehen. Die Bewohner sollten den ersten Herrscher kennen und sie sollten die anderen Herrscher kennen, die den ersten Herrscher vertreten. Zuletzt soll der Bewohner der vortrefflichen Stadt Kenntnis über sich selbst, seine Stadt, die vortreffliche Nation und das Glück, welches ihre Seelen erhalten werden, haben. Sie sollen aber auch die gegensätzlichen bzw. schlechten Nationen kennen und wissen, was mit den Seelen der Bewohner dieser Nationen geschieht.[195]

Struktur der vortrefflichen Stadt

Al-Fārābī strukturiert die Stadt in fünf Teile. Die erste Gruppe machen die Tugendhaften aus. Das sind im Falle der Stadt die Philosophen und Herrscher. Die zweite Gruppe machen die Leute aus, die sich mit Religion befassen und sie predigen, außerdem befinden sich in der Gruppe der Redebegabten die Dichter, Musiker und Verwaltungsbeamten. Sie sind der ersten Gruppe untergeordnet und dienen ihr. Die dritte Gruppe machen diejenigen aus, die sich mit der Wissenschaft befassen und sich im Allgemeinen um Materielles und das Wohl der Menschen kümmern, so wie z. B. die Ärzte und Ingenieure. Die vierte Gruppe sind die Beschützer der Stadt, also die Krieger, und die letzte Gruppe sind die Bauern, Hirten und Händler.

Die ideale Stadt kann nicht funktionieren, wenn die Gruppen nicht kooperieren und zusammenarbeiten. Jeder Untertan darf nur einer Tätigkeit nachgehen, damit er jener nachgeht, die ihm liegt, und keine andere

---

195 Vgl. al-Fārābī, Die Prinzipien der Ansichten der Bewohner der vortrefflichen Stadt, S.105f.

ausführt. Außerdem verbessert man sich bei der Tätigkeit mit zunehmender Zeit, da man sich nur auf diese Beschäftigung konzentriert. Im Falle, dass man zwei Arbeiten nachgeht, die sich zeitlich treffen, wäre das ein Nachteil für die Stadt.[196]

Gegenüberstellung

Al-Fārābī hat sich von Platons und Aristoteles Lehren in seinem Nachdenken inspirieren lassen. Platon und Al-Fārābī sehen beide den Menschen als soziales Wesen. Beide sind der Meinung, dass sich die Menschen wegen ihrer Bedürfnisse zu einer Gemeinschaft zusammentun.[197] Es ist aber festzustellen, dass Al-Fārābī bei der Einteilung der vollkommenen Gemeinschaft, im Gegensatz zu Platon, der nur seine Polis beschreibt, in größeren Dimensionen dachte bis hin zum Weltstaat.[198]

Zudem sind beide der Meinung, dass die Menschen in der Stadt jeweils einer einzigen Tätigkeit, die sich nach ihrer Begabung richtet, nachgehen sollen. Nach beiden Modellen arbeiten die Menschen zusammen, um die Gerechtigkeit und Ordnung der Stadt zu erfüllen und somit die Glückseligkeit zu erreichen.[199]

Auch bei den Bedingungen und Eigenschaften des Herrschers sind Parallelen zwischen den beiden Philosophen zu finden. Al-Fārābī übernimmt das Bild des Philosophenherrschers von Platon und fügt ihm noch einige islamische Eigenschaften bei.[200] Außerdem kann

---

196 Vgl. Campagna, Alfarabi. Denker zwischen Orient und Okzident, S.163f.
197 Vgl. Yılmaz, Platon ve Fârâbî'nin ütopik devlet anlayışlarının karşılaştırması, S.70.
198 Vgl. ebd. S.70f.
199 Vgl. ebd. S.70f.
200 Vgl. Campagna, Alfarabi. Denker zwischen Orient und Okzident, S.174.

man in dem Herrscherbild von Al-Fārābī die Kardinaltugenden von Platon wiedererkennen, und zwar die Weisheit, Tapferkeit, Besonnenheit und Gerechtigkeit.[201] Die Rolle des Herrschers wird bei Platon im Grunde durch die Erziehung im Wächterstand vererbt, jedoch stehen bei Fārābī die intellektuellen Bemühungen stärker im Vordergrund.[202]

Beide Philosophen sind der Meinung, dass die idealen Institutionen und der ideale Staat nur auf der Grundlage eines idealen Herrschers entstehen kann.[203] Während Al-Fārābī großen Wert auf die Rhetorik, d. h. die Überredung durch Worte, legt, sieht Platon die Überredungskunst als Gegner des Herrschers an.[204]

Al-Fārābī ist der Meinung, dass die Herrschaft von mehreren Menschen geführt werden kann, da er sich bewusst ist, dass es schwierig ist, so viele vortreffliche Eigenschaften, wie er vom Herrscher erwartet, in einem Menschen zu finden, wobei Platon es bevorzugt, dass so wenige Menschen wie möglich im Herrschaftsstand vertreten sind.[205]

Platon konzentriert sich in *Der Staat* stark auf die Ständeordnung, wobei Al-Fārābī zum einen den Herrscher und seine Eigenschaften und Bedingungen und zum anderen die Ansichten der Untertanen in den Vordergrund stellt.[206] Das heißt, dass Platon die Erfüllung der Glückseligkeit eher in der Ordnung der Stadt sieht, wohingegen Al-Fārābī die Bildung der Bewohner als

---

201 Vgl. Turki, Einführung in die arabisch-islamische Philosophie, S.68.
202 Vgl. Eyüp Şahin, Platon ve Fârâbî'de Aristokrasi, Ankara 2010, S.128.
203 Vgl. Campagna, Alfarabi. Denker zwischen Orient und Okzident, S.175.
204 Vgl. Şahin, Platon ve Fârâbî'de Aristokrasi, S.128.
205 Vgl. Yılmaz, Platon ve Fârâbî'nin ütopik devlet anlayışlarının karşılaştırması, S.74.
206 Vgl. ebd. S.75.

Voraussetzung für die Erfüllung der Glückseligkeit betrachtet.

Die im Wächterstand herrschende Frauen-, Kinder- und Besitzgemeinschaft und die Gleichheit von Mann und Frau finden bei Al-Fārābī keine Erwähnung.

Außerdem stellen beide Philosophen eine Analogie zwischen der Ordnung der Stadt und dem Aufbau bzw. der Ordnung des Menschen auf. Platon bezieht sich dabei auf die drei Teile der menschlichen Seele, und zwar auf die Begierde, den Mut und die Vernunft. Im Gegensatz dazu stellt Al-Fārābī einen Vergleich mit dem Körper her, wo das Herz der Herrscher der restlichen Glieder ist, die in einem bestimmten Rang zu ihm stehen. Dieselbe Ordnung und Struktur soll auch in der vortrefflichen Stadt zu finden sein. In beiden Modellen hat der Staat eine hierarchische Ordnung, bei der jeder Untertan einer Tätigkeit nachgehen soll, die seinem Können entspricht.

Fazit

Platon und Al-Fārābī stellen jeweils ein Konzept einer politischen Gemeinschaft auf, das durch die gegenseitige Unterstützung und die Führung eines Philosophenherrschers als eine ideale Stadt funktionieren soll.

Platon teilt die Stadt in den Nährstand, den Wehrstand und den Herrscherstand auf. Ersterer besteht aus Bauern und Handwerkern, die für die Produktion der Güter zuständig sind und somit die Stadt ernähren. Der Wehrstand steht über dem Nährstand und verteidigt die Stadt. Der Herrscherstand steht wiederum über dem Wehrstand und ist mit der Leitung der Stadt beauftragt. Dieser Herrscher muss ein Philosoph sein, der Anteil an der göttlichen Vernunft hat. Somit ist die ideale Stadt nach Platon eine Idiopragie bzw. eine Aristokratie der Leistungen.

Al-Fārābī beginnt seine Ordnung der Stadt mit dem Herrscher an, denn solange der Herrscher nicht vernünftig und weise ist, kann in der Stadt nach dem Philosophen keine Ordnung herrschen. Er ordnet seine Stadt so, dass jeder das tut, was er am besten kann. Die Rangordnung der Leute, die dem Herrscher am nächsten sind, ist am höchsten. Je weiter man sich vom Herrscher entfernt, desto niedriger ist der Rang, bis man an einen Rang gelangt, in dem man nur die Rolle des Dienenden inne hat.

Literatur

al-Fārābī, Abū Naṣr Muḥammad, Die Prinzipien der Ansichten der Bewohner der vortrefflichen Stadt, Stuttgart 2009.

Al-Fārābī, übersetzt von: Schupp, Franz, Über die Wissenschaften. De scientiis 2005.

Apelt, Otto, Der Staat. Über das Gerechte, Hamburg 1989.

Campagna, Norbert, Alfarabi. Denker zwischen Orient und Okzident, Berlin 2010.

Hülser, Karlheinz, Platon für Anfänger. Der Staat, München 2005.

Kaya, Mahmut, Fârâbî in: Islam Ansiklopedisi, Band 12, Istanbul 1995.

Kersting, Wolfgang, Platons „Staat", Darmstadt 1999.

Khella, Karam, Arabische und islamische Philosophie. Geschichte und Inhalte, Hamburg 2006.

Oberndörfer, Dieter/Rosenzweig, Beate, Klassische Staatsphilosophie. Texte und Einführungen von Platon bis Rousseau, München 2000.

Rudolph, Ulrich, Islamische Philosophie. Von den Anfängen bis zur Gegenwart, München 2008.

Şahin, Eyüp, „Platon ve Fârâbî'de Aristokrasi", in: Ankara Üniversitesi İlahiyat Fakültesi Dergisi 51:1 (2010), S.111-130. (PDF) (URL: http://dergiler.ankara.edu.tr/dergiler/37/1340/15526.pdf) (letzter Zugriff: 01.09.2017).

Schwaabe, Christian, Politische Theorie 1. Von Platon bis Locke, Paderborn 2007.

Störig, Hans Joachim, Kleine Weltgeschichte der Philosophie, Stuttgart 1990.

Turki, Mohamed, Einführung in die arabisch-islamische Philosophie, München 2015.

Yılmaz,Mesut, Platon ve Fârâbî'nin ütopik devlet anlayışlarının karşılaştırması, Diyarbakır 2005. (PDF/Masterarbeit) (URL: http://www.maturidiyeseviotagi.com/wp-content/uploads/2015/04/Platon-ve-Farabinin-%C3%BCtopik-devlet-anlay%C4%B1%C5%9Flar%C4%B1n%C4%B1n-kar%C5%9F%C4%B1la%C5%9Ft%C4%B1r%C4%B1lmas%C4%B1-y%C3%BCksek-lisans.pdf)

Ibn Miskawai und das Streben nach Glück

Muhammad Sameer Murtaza

Für das Erste war die Frage, wie *falsafa* definiert wird durch die umfassenden Arbeiten Al-Farabis und seines philosophischen Systems geklärt. In der Folgezeit knüpften philosophische Nachfolger wie etwa Ibn Miskawai an die Arbeit Al-Farabis an. Zugleich veränderte sich in der muslimischen Welt etwas Grundlegendes: Die *kalām*-Schule des *mutakallim* Al-Ashʿari (gest. 936), die einen Mittelweg zwischen der Muʿtazila und der auf Ahmad ibn Hanbal zurückzuführenden Aṯariyya darstellte, befand sich auf dem Siegeszug, während die Bedeutung der *falsafa* zurückging[207]:

> Mit den neuplatonischen und aristotelischen Philosophen, die Arabisch schrieben (…), leistete die islamische Zivilisation einen bedeutsamen Beitrag zur Entwicklung der Philosophie in der westlichen Welt, und diese Tatsache könnte diejenigen, die mit dieser Zivilisation nicht vertraut sind, zu der Annahme führen, dass die philosophische Bewegung eine herausragende Richtung in der Strömung des islamischen Denkens ausmachte. Doch das ist keineswegs der Fall. Die Wahrheit ist vielmehr, dass die Falāsifa niemals Teil der Hauptrichtungen waren, sondern höchstens ein unbedeutender Seitenkanal – d. h. unbedeutend für die große Mehrheit der Muslime.[208]

---

207 Vgl. Watt, W. Montgomery (2004: 64).
208 Watt, W. Montgomery; Marmura, Michael (1985: 208).

Abu Ali Ahmad ibn Muhammad ibn Yaqub ibn Miskawai (932-1030) war ein persischer muslimischer Philosoph, der in der Tradition Al-Farabis stand. Seinen Lebensunterhalt verdiente er sich als Bibliothekar und Höfling unterschiedlicher Wesire. Wie seinem Vorgänger galten ihm Philosophie und Theologie als zwei einander ergänzende Bereiche menschlichen Denkens, die letztendlich, wenn auch durch unterschiedliche Methoden und eine andere Fachsprache, zu den gleichen Ergebnissen gelangen.[209] Das Anführen des Bittgebetes *ṣalla'llāhu ʿalaihi wa sallam* (Gottes Segen und Frieden auf ihm), wenn er den Namen des vierten Kalifen des Islam Ali ibn Abi Talib (gest. 661) aufführt,[210] gibt ihn als Schiit zu erkennen, da diese Praxis seitens der Sunniten nur bei der Erwähnung des Propheten Muhammad üblich ist.

Epistemologie

Ibn Miskawai beschäftigte sich mit der Frage, ob ein Mensch überhaupt fähig ist, Gott zu erkennen. Wenn dem nämlich nicht so ist, wie könne der Mensch dann den Gottesglauben rechtfertigen?

Ibn Miskawai sah die Schwierigkeit bereits in der Schwäche der menschlichen und damit begrenzten Vernunft gegeben.[211] Wie könne das Geschöpf den Schöpfer erkennen, wenn beide dermaßen unterschiedlich sind? Schließlich sei die Vernunft nicht unabhängig von der menschlichen Perzeption, sondern von dieser maßgeblich beeinflusst. Die Sinne des Menschen würden auf Sichtbares, Veränderungen, Wandel und Bewegung

---

209 Vgl. Yousefi, Hamid Reza (2014: 80) u. Turki, Mohamed (2015: 75).
210 Siehe: Miskawayh (2002: 97 u. 190).
211 Vgl. Sauhan, Müfit Selim (2008: 35).

reagieren, während Gott doch der unsichtbare unbewegte erste Beweger sei. Folglich könne der Mensch sich Gott nicht einmal vorstellen, da alles, was das menschliche Vorstellungsvermögen produziere, eine Zusammensetzung und ein Kombinieren menschlicher Perzeption sei.[212]

Zugleich aber könne sich die Vernunft über die Dominanz der Sinnesorgane erheben. Dafür brauche es aber eines reinen Herzens und mentalen Trainings, um den schwierigen Weg der Philosophie hin zur Weisheit (*hikma*) zu beschreiten.[213] Für Ibn Miskawai ist dieser Pfad vor allem ein innerliches Erkennen. Da die menschliche Sprache den Horizont dieser Welt nicht übersteigen kann, wird die Gotteserkenntnis zu etwas Unaussprechlichem. Gott sei das absolut[214] Seiende und jenseits aller Be- und Zuschreibungen, selbst des Wortes Existenz. Er sei das erste Sein, Ursache seiner Selbst und Ursache allen Seins.[215]

Dieses Verständnis von reiner Erkenntnis, die völlig losgelöst ist durch jegliche außenweltliche Vorprägung, ist ein mystisches. Ibn Miskawai sah in der Intuition einen Zugang zu einer höheren Erkenntnisebene. Zentrum dieser Metavernunftsebene sei die Herzensvernunft, die über ein eigenes a priori Wissen verfüge, das von Gott gegeben sei[216]:

> Dahinter steht die Vorstellung vom Menschen als ein in Korrespondenz zum Makrokosmos stehender

---

212 Vgl. ebda. (36).
213 Vgl. ebda.
214 Absolut im philosophischen Sinne meint losgelöst von allen Bedingungen und Beschränkungen. Ein Begrifft der strenggenommen nur dem welttranszendenten Gott zukommt, der einzig absolut genannt werden darf, wie dies erstmals bei Nikolaus von Kues geschah.
215 Vgl. Sauhan, Müfit Selim (2008: 37) u. Iqbal, Muhammad (o. J.: 25).
216 Vgl. De Boer, T. J. (1967: 129).

Mikrokosmos, der über das Herz (...) in eine Verbindung mit der übersinnlichen Welt zu treten vermag.[217]

Das menschliche Erkennen ist demnach zweigeteilt: Sinne, Verstand und Vernunft sind auf die physikalische Welt und das Herz auf die metaphysische Welt ausgerichtet (siehe Sure 41, Vers 53 u. Sure 51, Vers 20-21).[218]

Philosophische Theologie

Ibn Miskawai beschäftigte sich ausgehend von seiner Epistemologie nun mit der Frage, wie es doch noch möglich sei, die Eindrücke der Intuition in einer angemessenen Sprache auszudrücken. Aussagen, wie "Gott ist..." oder "Gott ist nicht...", also jede Form von positiver oder negativer Theologie, empfand er als ungenügend. Gleiches gelte für "Gott ist wie...", da hier versucht werde, Gott mittels Analogien mit etwas Sichtbarem und damit Ungenügendem zu vergleichen. Sorge bereitete ihm, dass Gott mit menschlichen Worten zu beschreiben letztlich in eine anthropomorphe Vorstellung münden könnte.[219]

Schließlich entschied Ibn Miskawai, dass der Mensch von Gott, wenn überhaupt, nur mittels einer negativen Theologie sprechen könne, indem der Philosoph sagt, was Gott nicht ist, um so jede Vermenschlichung und jede Analogie zu vermeiden. Doch auch in diesem Falle dürfe die Problematik menschlicher Sprache nie vergessen werden.[220]

---

217 Braun, Rüdiger (2008: 197).
218 Vgl. ebda. (197-198).
219 Vgl. Sauhan, Müfit Selim (2008: 37).
220 Vgl. ebda. u. Badawi, Abdurrahman (1963: 471).

Gott sei kein dreidimensionaler Körper (*ǧism*), der sich aus Materie und Form zusammensetze und damit einen Raum einnehme,[221] da jede Körperlichkeit bedinge, dass Gott durch das Zusammenführen von Materie und Form geschaffen sei. Folglich sei Gott dann auch Bewegung ausgesetzt, was wiederum auf eine Ursache verweise.[222]

Gott, das erste Seiende, kann nach Ibn Mikawai nur Einer sein, denn würde es weitere Gottheiten geben, so sei Gott klassifizierbar. Es müsste dann ein Merkmal geben, in dem diese Gottheiten sich gleichen wie auch unterscheiden. Diese Unterscheidung bedeute, dass die eine Gottheit in etwas vollkommener sei als die andere und wiederum in etwas anderem einen Makel aufweise. Dies hieße aber, dass sie sich aus Substanz und Differenz zusammensetzen. Dies wiederum bedeute aber Bewegung und weise folglich auf einen anderen ersten unbewegten Beweger hin.[223]

Ibn Miskawai – wie auch schon zuvor Al-Kindi – schloss aufgrund dieser negativen Theologie aus, dass Gott über Attribute verfüge, da dies eine Pluralität in Gott bedeuten würde. Gott sei nichts anderes als reine, ewige, immaterielle Einheit ohne Anfang, also ewig (*azal*), folglich liege Ihm auch keine Ursache (*'illa*) zugrunde.[224]

An der bisherigen Argumentation Ibn Miskawais wird deutlich, dass er sich besondere auf den Umstand der Bewegung konzentrierte, der ihm als wesentliches Unterscheidungskriterium zwischen Schöpfer und Geschöpfen galt. Für ihn ist die Ursache von Bewegung ein Wollen, was Veränderung und Wandel nach sich zieht und daher nur für die Schöpfung gelte.[225]

---

221 Vgl. Sauhan, Müfit Selim (2008: 37).
222 Vgl. ebda. (38).
223 Vgl. ebda.
224 Vgl. ebda. (39) u. Badawi, Abdurrahman (1963: 471).
225 Vgl. Sauhan, Müfit Selim (2008: 40).

Kosmologie und Evolution

Ibn Miskawai schloss sich der Kosmologie Al-Farabis an, jedoch mit einem Unterschied: Die Schöpfung sei von Gott aus dem Nichts erschaffen worden und werde durch Seine Macht aufrechterhalten.[226] Fakhry glaubt, dass Ibn Miskawai wohl die Konzepte von Emanation und Schöpfung nicht verstanden habe und sich daher seines Widerspruchs nicht bewusst gewesen sei.[227]

Ibn Miskawai lehnte die Vorstellung einer ewigen Materie – wie wir sie bei Al-Razi vorfanden – ab, die besagt, dass Gottes Kraft sich darauf beschränke, ewige Materie von einer Form in eine andere Form umzuwandeln, womit die vorherige Form nicht existent wird. Folglich ist die Materie ewig, aber das Universum von Gott erschaffen. Doch Ibn Miskawai sah hier einen Widerspruch. Wenn die Materie seit Ewigkeit bestehe, so müsse auch die Form von Ewigkeit sein, da Materie nicht immateriell sei und einen Raum einnehme. Wenn also die Form von Materie wandelbar ist, so kann auch im Rückschluss die Materie nicht ewig sein, da sie es ja ist, die sich verändert und damit Bewegung ausgesetzt ist.[228] Doch was ist die Ursache hiervon? Nun beginnt Ibn Miskawai die Kette von Ursache und Wirkung aufzuschnüren und gelangt bei der letzten Perle zu Gott, der vor jeglicher Materie existierte.[229]

Ausführlich widmete sich Ibn Miskawai dem Schöpfungsprozess auf der Erde und nahm in genialer Vorahnung die Evolutionstheorie vorweg. Anhand des Wissens seiner Zeit schloss er, dass das Leben seinen Ausgang bei der Kombination verschiedener Substanzen nahm. Sie führten zur Entstehung von Mineralien.

---

226 Vgl. Badawi, Abdurrahman (1963: 472).
227 Vgl. Fakhry, Majid (1983: 187).
228 Vgl. Iqbal, Muhammad (o. J.: 27).
229 Vgl. Badawi, Abdurrahman (1963: 472).

Aus dem Königreich der Mineralien hätten sich das Königreich der Vegetation und das Königreich der Tiere entwickelt. Ersteres hätte mit der Entstehung von Gräsern begonnen, dem folgten Pflanzen und schließlich die Bäume. Die Entwicklung im Tierreich hätte zunächst mit Kleinstlebewesen wie Würmern begonnen, daraufhin hätten sich höher entwickelte Tiere bis hin zum Affen gebildet. Jedes dieser Königreiche ist durch ein Bindeglied miteinander verbunden. Das Bindeglied zwischen dem Königreich der Vegetation und der Tiere seien Korallen,[230] die sowohl pflanzliche als auch tierische Eigenschaften aufweisen würden, während das Bindeglied zwischen dem Königreich der Tiere und des Menschen der Affe sei. Aus diesem wäre schließlich das Königreich des Menschen entstanden.[231]

Glückseligkeit

Für Ibn Miskawai setzt sich die Glückseligkeit (*sa ʿāda*) aus a) der Gotteserkenntnis, b) einem guten Denk- und Urteilsvermögen sowie einem Glauben frei von Extremen, c) der körperlichen Gesundheit, d) der Solidarität mit den Mitmenschen, e) einer guten Reputation und Bekanntheit unter den Rechtschaffenen und f) einer erfolgreichen Lebensführung zusammen. Wer all dies in sich vereine, so Ibn Miskawai mit Verweis auf Aristoteles, sei ein glücklicher und vollkommener Mensch (*al-insān al-kāmil*). Und wer nur einen Teil hiervon errei-

---

230 Wobei Ibn Miskawai sich hier irrte. Korallen sind Hohltiere. Da sie mit einer festen Oberfläche verwachsen sind und daher Blumen ähneln, kam der Eindruck auf, es handele sich bei ihnen um Pflanzen. Daher auch die Bezeichnung *Blumentiere*.
231 Vgl. Iqbal, Muhammad (o. J.: 29); Badawi, Abdurrahman (1963: 472-473) u. Yousefi, Hamid Reza (2014: 80).

che, der hätte zumindest einen Anteil an der Glückseligkeit.[232]

Weiter unterschied der Philosoph zwei Arten von Glückseligkeit, eine absolute und eine partikuläre. Die absolute Glückseligkeit läge in der Hingabe zu Gott. Die partikuläre Glückseligkeit sei dagegen ein relatives und subjektives irdisches Gut. Beide Arten von Glückseligkeit seien jedoch Teile der menschlichen Existenz und sollten in Harmonie miteinander gebracht werden. Ganz besonders fatal sei es jedoch, wenn die absolute Glückseligkeit zugunsten der partikulären aufgegeben oder verdrängt werde.[233]

Kein Mensch bleibe in seinem Leben von Unheil und Übel verschont. Doch aufgrund der Erkenntnisse und der hieraus gewonnenen Eigenschaften würden Leid und Schmerz einen solchen Menschen nicht mehr erschüttern, sondern seine Glückseligkeit würde ihm die Stärke der Standhaftigkeit (*ṣabr*) verleihen, diesen Lebensprüfungen zu begegnen.[234]

Politische Philosophie

Der Begriff *Politik* wird heute in seine drei Dimensionen aufgespalten:
- *polity* (Form): Hier geht es um die Form und Struktur der Politik, also die institutionelle Ebene.
- *policy* (Inhalt): Hier wird die normative Ebene der Politik behandelt, also die Problemlösung sowie die Interessen- und Zielkonflikte unterschiedlicher Gruppen.

---

232 Vgl. Miskawayh (2002: 72).
233 Vgl. De Boer, T. J. (1967: 130).
234 Vgl. Miskawayh (2002: 85-86).

- *politics* (Prozess): Hier liegt der Fokus auf dem Willenbildungs- und Gestaltungsprozess durch den Interessenausgleich.

Ibn Miskawais politische Gedanken zielen auf die Verfasstheit einer Gesellschaft ab, damit Politik in all ihren Dimensionen überhaupt erst möglich wird.

In seiner politischen Philosophie paraphrasiert Ibn Miskawai grundsätzlich Al-Farabi, jedoch gibt es einige erwähnenswerte Unterschiede.

Auch Ibn Miskawai setzt die Prämisse voraus, dass der Mensch ein Gesellschaftswesen ist, der ohne die Hilfe seiner Mitmenschen seine Bestimmung, Gottes Stellvertreter auf Erden (Sure 2, Vers 30) und damit Schaffer von Zivilisation zu sein, nicht erfüllen kann.

Scharf verurteilt er daher jene, die vom Einsiedlerdasein predigen, da auch der Einsiedler letztendlich die Hilfe seiner Mitmenschen benötige, zugleich aber nicht bereit sei, seinen Mitmenschen von Nutzen zu sein. Es sei eine Menschenpflicht, seinen Mitmenschen eine Hilfe zu sein. Wer anderen Menschen helfe, der dürfe auch selber um Hilfe bitten.[235] Er stellt fest, dass es eine Notwendigkeit gibt, dass unterschiedliche Menschen zusammengebracht werden, sodass sie ihre natürlichen Anlagen miteinander kombinieren. Sie müssten sich gegenseitig gut behandeln und einander eine angemessene Zuneigung entgegenbringen, weil sie nur gemeinsam sich vervollkommnen können.[236]

Ebenso kritisierte er all jene, die versuchen, die platonisch-christliche Zweiweltenlehre in den Islam einzuführen, nach der ein Mensch erst im Jenseits Glückseligkeit erfahren kann. Im Gegenteil, so Ibn Miskawai, der Mensch müsse sie in seinem Erdendasein finden, indem er als Handelnder nach dem Guten strebt.[237]

---

235 Vgl. Badawi, Abdurrahman (1963: 474).
236 Vgl. Miskawayh (2002: 123).
237 Vgl. Badawi, Abdurrahman (1963: 476).

So galt ihm Freundschaft als ein essenzielles Element für das Glück auf Erden. Gleiches gilt für das Pflegen der Verwandtschaftsbeziehungen wie auch der Liebe zum Ehepartner und zu den Kindern.[238]

Für Ibn Miskawai sind das Streben nach Gott, Freundschaft und Liebe zentrale Elemente menschlicher Glückseligkeit. Liebe und Freundschaft sind nach dem persischen Philosophen die Grundlage menschlichen Vertrauens und Zusammenschlusses und somit von Zivilisation. Dies erklärt seine scharfe Verurteilung jener, die das Band der Freundschaft durch Betrug zerschneiden. Anders als Aristoteles sah Ibn Miskawai in der Liebe zu anderen Menschen keine Ausweitung der Eigenliebe, sondern deren Begrenzung, da nur so der Mensch seine eigenen Bedürfnisse zum Wohle seiner Mitmenschen zurückstellen könne. Jeder Mensch, so der Philosoph, müsse erst einmal sich selber ein Freund sein, indem man für sich selber nach Glückseligkeit strebe. Dies bringe ihn mit anderen Menschen zusammen, die nach dem gleichen streben, und so entstünde zwischen ihnen Freundschaft und gegenseitige Hilfsbereitschaft. Solche Menschen haben keine Feinde, außer jenen, die nicht nach dem hohen Gut streben, sondern sich gänzlich vom Materiellen betören ließen. Ein Freund, so Ibn Miskawai, würde sich bemühen, seinen Freunden in guten wie in schlechten Zeiten zu Diensten zu sein. Keiner könne auf Freundschaft verzichten, vor allem kein Herrscher, da dieser ansonsten nicht wisse, was seine Untertanen brauchen. Um die Sorgen und Nöte des Volkes zu kennen, brauche er also wahre Freunde, die ihm aufrichtigen Rat erteilen und dafür Sorge tragen, dass seine Anweisungen gewissenhaft ausgeführt werden.[239]

Das Zusammenleben verschiedenster Menschen benötige daher unbedingt einen toleranten Umgang

---

238 Vgl. Fakhry, Majid (1983: 190).
239 Vgl. Badawi, Abdurrahman (1963: 476-477).

(*modārā*) miteinander im Sinne eines versöhnlichen Umgangs.[240] In der Welt und mit anderen Menschen sei der Mensch gefordert, von seiner Vernunft den höchsten Gebrauch zu machen, da durch sie der Mensch über sein Handeln und dessen Auswirkungen reflektiere und somit bessere Entscheidungen fälle, als wenn er sich von der Unvernunft leiten lässt.[241]

Ethik –
Die praktische Seite der Philosophie

In seiner Schrift *tahḏīb al-aḫlāq* (*Die Veredelung des Charakters*)[242] beschreibt Ibn Mikawai die Seele als eine einfache Substanz, die nicht durch die menschlichen Sinne wahrgenommen werden kann.[243]

Sie ist der Sitz dreier Seelenkräfte, und zwar 1) des Reflexions- und Urteilsvermögens, 2) des Selbsterhaltungstriebes, des Selbstwertgefühles, des Ehrgefühles, des Dominanzverhaltens und der Wut sowie 3) der Leidenschaft, des Verlangens nach Essen, Trinken, Geschlechtsverkehr und Unterhaltung. Die erste Kategorie bezeichnet er als Königskraft und verortet diesen Teil der Seele im menschlichen Gehirn, während er die zweite als Löwen benennt und diesen Teil der Seele im Herzen ausmacht. Die letzte Kategorie ist für ihn die Lust, die sich in der Leber des Menschen konzentriert.[244] Durch die Unterwerfung unter die Königskraft der Vernunft können im Menschen die Kardinaltugen-

---

240 Vgl. Yousefi, Hamid Reza (2013: 100).
241 Vgl. ebda. (99).
242 Das Buch wurde ausgiebig von Al-Ghazali benutzt, was sich insbesondere in dessen Werk *Das Elixier der Glückseligkeit* zeigt.
243 Vgl. Miskawayh (2002: 5).
244 Vgl. ebda. (15).

den der Weisheit, des Mutes und der Mäßigung entstehen, die ihn zu der vierten und höchsten Tugend führen: der Gerechtigkeit.[245] Sie allein dämmt für Ibn Miskawai Unheil, Ungerechtigkeit, das Überschreiten des Maßes, Tyrannei und Unterdrückung (*ẓūlm*) ein.[246] Für den muslimischen Philosophen besitzt die Gerechtigkeit drei Dimensionen: a) Gerechtigkeit sich selbst gegenüber, indem man ein vernunftgeleitetes Leben führt, b) Gerechtigkeit anderen gegenüber, indem man aus Nächstenliebe handelt, und c) Gerechtigkeit gegenüber der eigenen Beziehung zu Gott, indem man in einem Zustand der Gottesehrfurcht/des Gottesbewusstseins (*taqwā*) lebt und Gott dient.[247]

Dominiert aber im Menschen nicht die Vernunft, so entwickeln sich in ihm die Laster der Ignoranz, der Feigheit, der Zügellosigkeit und der Ungerechtigkeit.[248]

Für Ibn Miskawai stellt sich nun die Frage, welche Ausrichtung der Mensch seinem Leben geben soll. Soll er hedonistisch leben? Soll er ein Kriegerdasein führen? Oder findet er seine Erfüllung in einem intellektuell geführten Leben?

Folge der Mensch dem Seelentrieb der Lust, so führe er ein Sein wie die Tiere: er ißt, trinkt und hat sexuellen Verkehr. Allerdings, so Ibn Miskawai, übertreffen die Tiere den Menschen hierin. Aber der Mensch käme nun nicht auf den Gedanken, dass das Tier über ihm stehe. Daher kann eine solche Lebensführung nicht die Bestimmung des Menschen darstellen.[249] Zumal im Unterschied zu den Tieren die menschliche Seele nach Idealen und Werten strebe. In der simpelsten Unterteilung unterscheidet der Mensch sein Handeln in Gut und Böse. Beides Akte, die der Mensch willentlich tut, da er

---

245 Vgl. ebda. (16).
246 Vgl. Adamson, Peter (o. J.: 301).
247 Vgl. ebda. (303).
248 Vgl. Fakhry, Majid (1983: 189).
249 Vgl. Miskawayh (2002: 10-11).

sich von allem anderen Seienden darin unterscheidet, dass er nicht restlos in die Kausalität des Naturzusammenhanges eingespannt ist und somit für sein Handeln Verantwortung trägt.[250]

Nur durch sein ethisches Verhalten, das ihn vom Tier unterscheidet, könne der Mensch seiner Würde gerecht werden.[251]

So solle der Mensch primär nach einem intellektuellen Leben streben, um über seinen Daseinsinn, seine Handlungen und ihre möglichen Konsequenzen zu reflektieren.[252] Weisheit, Mäßigung, Mut und Gerechtigkeit, danach soll der Mensch streben. Meiden soll er Ignoranz, Zügellosigkeit, Feigheit und Ungerechtigkeit.[253]

Doch das Gute kann der Mensch nicht alleine anstreben, sondern nur in Gemeinschaft, womit Ibn Mikawai an seine politische Philosophie anschließt. Der frömmelnde Einsiedler wäre dazu verdammt, ein bequemes Leben in Unkenntnis des Guten zu führen.[254] Damit aber das Zusammenleben der vielen gelingt, brauche es eines ethischen Verhaltens.

Die Philosophen unterscheiden zwischen einem theoretischen und einem praktischen Teil der Philosophie. Während nach Ibn Miskawai die höchste Stufe in der theoretischen Philosophie die Metaphysik darstelle, so ist der Gipfel der praktischen Philosophie die Ethik, deren Ziel der vollkommene Mensch ist. Dies erinnert an den stoischen Philosophen Seneca (gest. 65), der schrieb:

> [W]eder gibt es eine Philosophie ohne Sittlichkeit noch eine solche ohne Philosophie, denn sie ist das

---

250 Vgl. ebda. (11-12).
251 Vgl. ebda. (13).
252 Vgl. ebda. (14).
253 Vgl. ebda. (16).
254 Vgl. ebda. (26).

Bemühen um Tugend, aber mit ihrer Hilfe. (...) Zur Sittlichkeit gelangt man nur duch sie selbst. Philosophie und Sittlichkeit hängen also eng zusammen.[255]

Nur durch das Übersetzen der Gotteserkenntnis in praktische Handlungen, so Ibn Miskawai, kann der Mensch seine spirituelle Erfahrung vom Sein Gottes zu einem Grade vertiefen, wie es eine rein intellektuelle Anschauung Gottes nicht vermag. Nur die Verbindung von Theorie und Praxis könne den Menschen zur Glückseligkeit führen.[256] Rechtschaffenes Handeln eines Gläubigen ist somit angewandte Gottesbejahung.

Vertiefen wir dies: Wie soll der Mensch handeln? Was ist der Maßstab menschlichen Handelns?

Hierauf kann es zwei Antworten geben: a) Wir bestimmen unser Handeln durch Gesetze, die wir uns selbst geben. In diesem Fall ist der Mensch autonom (selbstgesetzgebend) oder b) unser Handeln wird durch einen Maßstab, der außerhalb unseres Selbst liegt, bestimmt. Dann ist der Mensch durch ein Gesetz von außen bestimmt (Heteronomie). Für Ibn Miskawai gilt letzteres und der Maßstab, nach dem der Mensch handeln soll, sind die Normen (Sing. *sulūk*, Pl. *sulūkiyyat*) des *Qurʾān*, also die *šarīʿa*.

Diese Normen ermöglichen eine Handlungskoordination zwischen verschiedenen Individuen, andernfalls ist bei jeder Begegnung ungewiss, wie das Gegenüber handeln wird. Normen sind also Regeln, die Interaktion erst ermöglichen. So wissen beide Seiten, dass es bei einer Begrüßung Sitte ist, sich die Hand zu reichen. Keine Seite muss mit einer unerwarteten Handlung in diesem Kontext rechnen. Sitten, also Regeln und Normen, die man im Gesamten als Moral bezeichnet, sind demnach Ausdruck für das Bewusstsein einer Gesellschaft, dass das Zusammenleben unabdingbar auf Re-

---

255 Weinkauf, Wolfgang (2012: 58).
256 Vgl. Miskawayh (2002: 36).

geln angewiesen ist, sowie für die Bereitschaft des Individuums, sich diesen zu fügen. So gibt es durch sie in jeder Interaktion Erwartungshaltungen (Sollnormen), die das Gegenüber erfüllt, wodurch sozialer Frieden entsteht und gewahrt wird. Interaktion zwischen Fremden wird also berechenbar. Damit besitzen Normen eine Schutzfunktion für eine Gesellschaft und sind Gegenstand der Wissenschaft von der Ethik (*'ilm al-aḫlāq*), die eine theoretische Reflexion der sittlichen Regeln und Normen darstellt. Diese kann in zwei Disziplinen aufgeteilt werden:
- Individualethik
Verpflichtungen des Individuums sich selbst gegenüber.
- Sozialethik
Verpflichtungen des Individuums gegenüber der Gesellschaft und Verpflichtungen der Gesellschaft gegenüber dem Individuum.
Beide haben Einfluss auf die Staatsphilosophie und die Rechtsphilosophie, da Rechtsnormen die wichtigsten moralischen Regeln einer Gesellschaft sichern.

Die Wissenschaft von der Ethik beschäftigt sich aber nicht nur mit einer Bewertung des menschlichen Handelns, der Bestimmung des rechten Handelns, der Begründbarkeit von Normen, sondern auch mit der Reflexion über die Werte (Sing. *qīma*; Pl. *qiyam*), die den Normen zugrunde liegen. Hierbei geht es also um die Qualität der Werte. Letzteres war Gegenstand von Ibn Miskawais Betrachtungen.

Da nach Ibn Miskawais Seelenlehre nur die Anwendung des rationalen Vermögens den Menschen vom Tier unterscheidet, kann auch nur dieses ihn zu einem guten Charakter verhelfen, sodass der Mensch den Engeln ähnlich werde, ja sie sogar aufgrund seiner Wahlfreiheit übertreffe, da der Mensch andernfalls auch ein wildes Tier oder ein Hedonist sein könne.[257]

---

257 Vgl. ebda. (41-42).

Doch der gute Charakter und die guten Handlungen lassen sich nicht durch das Studium erwerben, sondern nur durch das Handeln, also das Einüben in dieses. Hier empfiehlt Ibn Miskawai im Rahmen der Individualethik z. B., dass der Muslim 1) maßhält beim Essen und nur soviel zu sich nimmt, wie er unbedingt benötigt, um seinen Körper zu erhalten, 2) er solle sich mit einfacher Kleidung versehen und sich auf ihre Funktionalität besinnen, nämlich ihn vor Hitze, Kälte und Nacktheit zu schützen, 3) er soll Sexualität nur ausüben, um Nachkommen zu zeugen. Ist sein Geschlechtstrieb aber stärker, so soll er nur so viel davon praktizieren, wie nötig ist, damit er im Rahmen des göttlichen Gesetzes bleibt und keine Unzucht begeht, 4) er solle sein ganzes Leben nach Wissen streben, um sein rationales Vermögen zu ernähren und wachsen zu lassen. Diese vier Empfehlungen sollen den Menschen auf dem Weg zu einem guten Charakter bringen und das Biest in ihm in Zaum halten.[258]

Gerechtigkeit ist, wie bereits erwähnt, der zentrale Wert, der in Ibn Miskawais Philosophie allen Normen einer Gesellschaft zugrunde liegen muss. Die Gerechtigkeit vermag es, alle extremen Positionen auszugleichen, jedem Exzess vorzubeugen und zwischen den Menschen zu vermitteln.[259] Somit bleiben Harmonie und Vertrauen in einer Gesellschaft erhalten; das Gemeinwohl (*maṣlaḥa*) bleibt bewahrt. Im Bereich des Politischen und der Rechtsprechung ist es daher von größter Wichtigkeit, dass die Gesetze nicht nur formell zustande kommen, sondern in ihrem Inhalt gerecht sind, damit die Menschen diese annehmen können und somit ein Ausgleich zwischen unterschiedlichen Positionen der Gesellschaftsmitglieder geschaffen werden kann.[260] Weiter sei die Gerechtigkeit die Voraussetzung, dass in

---

258 Vgl. ebda. (44-45).
259 Vgl. ebda. (100-104).
260 Vgl. ebda. (103).

einer Gesellschaft Freigiebigkeit entstehen könne. Letzteres sei ein Exzess, der sich aus der Gerechtigkeit im Bestreben nach gesellschaftlicher Gleichheit in allen Lebensbereichen ergebe.[261] Durch die Freigiebigkeit entstehe dann Liebe – wir würden heute Solidarität sagen – auf die jede Gesellschaft angewiesen sei und zum Wesen des Menschen gehöre, schließlich ist das arabische Wort für Mensch *insān* verwandt mit dem Wort *uns*, das Vertraulichkeit, Freundlichkeit und Zuneigung zum Ausdruck bringt. Nur durch die Liebe der Gesellschaftsmitglieder zueinander würden Beziehungen untereinander entstehen, andernfalls, so ist zu schlussfolgern, hat man es mit einer Gesellschaft der Anonymen zu tun. Liebe oder Solidarität bedeute, dass jeder dem anderen das wünscht, was er sich selber wünscht. Dieses Ethos schaffe eine starke dauerhafte solidarische Gesellschaft.[262]

Gerechtigkeit und Allgemeinwohl bedingen einander. Nur Normen, die zum Wohl des Menschen beitragen, sind somit wertvoll. Erfüllen sie diese Funktion nicht, so müssen diese Normen durch neue ersetzt werden.

Ein ethisch geführtes Leben, so Ibn Miskawai, führt schließlich zur Glückseligkeit auf Erden, da der Mensch sein Leben *führt*. Ibn Miskawai war ein entschiedener Gegner, die Gläubigen mit einer ausschließlich jenseitigen Glückseligkeit zu vertrösten. Zugleich stritt er nicht ab, dass dem Menschen durch seine ethische Lebensweise auch nach dem Tod Glückseligkeit zuteil wird, da er ein Leben in der Gesellschaft der Engel und der Frommen führe, aber, wie es Kennzeichnen seines Philosophierens ist, verband Ibn Miskawai stets das Diesseits mit dem Jenseits.[263]

---

261 Vgl. ebda. (114-115).
262 Vgl. ebda. (118).
263 Vgl. Fakhry, Majid (1983: 190).

Freundschaft

Der Vergesellschaftlichungsprozess setzt Vertrauen voraus, woaus Freundschaft entstehen kann. Da der Mensch, so Ibn Miskawai, sich nicht selbst genügen kann, ist er auf die Hilfe anderer angewiesen, insbesondere auf Freunde, um sich zu vervollkommnen.[264]

Freundschaft wiederum, so Ibn Miskawai, baut auf einem Gefühl auf, nämlich der Liebe. Diese kann aber unterschiedlich in ihrer Intensität sein. Sie kann ein Aufwallen von Vergnügen und Genuss sein. Freundschaften solcher Art bilden sich schnell und vergehen ebenso schnell wieder, da jeder Frohsinn kurzweilig ist. Die Liebe zum Guten kann ebenfalls zwischen zwei Menschen das Band der Freundschaft schmieden. Eine solche Freundschaft bilde sich schnell und sei langlebig, da sich das Gute ja nicht ändere. Dann gibt es die Liebe zum eigenen Vorteil, der zur Bildung von pragmatischen Freundschaften führt. Sie würden sich langsam ergeben, verflüchtigen sich aber schnell, wenn der Freund seinen Nutzen verliert. Schließlich gibt es auch Freundschaften, die ein Gemisch aus allen drei sind. Sie seien stabile Freundschaften, die sich langsam bilden und auch nur langsam vergehen.[265]

Nach diesen theoretischen Ausführungen wendet sich Ibn Miskawai wieder der Praxis zu. Schließlich stellt sich die Frage, wie man einen guten Freund findet. Der Philosoph empfiehlt – mit Bezug auf Sokrates – den potenziellen Freund zu studieren. Wie war sein Verhalten als Kind? Wie war sein Betragen gegenüber den Eltern, Geschwistern und Verwandten? Wie war sein Umgang mit seinen früheren Freunden? War er dankbar, wenn andere ihm ihre Gunst erwiesen? Stellt man fest, dass sein Benehmen anständig war, so darf gehofft

---

264 Vgl. Miskawayh (2002: 123).
265 Vgl. ebda. (124).

werden, dass auch er in seinem Innersten ein anständiger Mensch ist, der keine pragmatischen Freundschaften pflegt.[266]

In einer Freundschaft, so empfiehlt Ibn Miskawai, sollte man über allzu menschliche Fehler und Schwächen beim anderen hinwegsehen, ansonsten steht man letztlich ohne Freunde dar, denn niemand sei fehlerfrei.[267]

Eine Freundschaft sei kein Selbstläufer, sondern mit ihr gehen Pflichten einher, die sie am Leben erhalten. Hierzu zählen a) regelmäßiges Kontakthalten, b) jene zu lieben, die er liebt (seine Familie, seine Freunde), c) wenn ihm etwas Schlimmes widerfährt zu überlegen, wie man ihm mit der eigenen Person, dem eigenen Geld, also mit allen verfügbaren Mitteln beistehen kann. All dies, bevor er danach fragen muss. Und schließlich d) soll man sich in keiner Gesellschaft aufhalten, in der Schlechtes über den Freund gesprochen wird, wie auch e) ihn niemals in seiner Abwesenheit kritisieren oder gar schlechtmachen.[268]

Literatur

Adamson, Peter (o. J.): Ibn Miskawaih's concept of Justice and its Metaphysical Foundations. Internet: http://www.unipune.ac.in/snc/cssh/ipq/english/IPQ/1-5%20volumes/05-3/5-3-5.pdf (31.10.2017).

Adamson, Peter; Pormann, Peter E. (2012): More than Heat and Light: Miskawayh's Epistle on Soul and

---

266 Vgl. ebda. (142).
267 Vgl. ebda. (143).
268 Vgl. ebda. (144-147).

Intellect. Internet: https://pmr.uchicago.edu/sites/pmr.uchicago.edu/files/uploads/AdamsonandPormann_MorethanHeatandLightMiskawayhEpistleonSoulandIntellecy.pdf (31.10.2017).

Alavi, Hamid Reza (2009): Ethical Views of Ibn miskaway and Aquinas. Internet: http://www.academicjournals.org/journal/PPR/article-full-text-pdf/E3D5CF4262 (31.10.2017).

Aurel, Marc (2015): Selbstbetrachtungen. Hamburg.

Badawi, Abdurrahman (1963): Miskawaih. In: Sharif, M. M.: History of Muslim Philosophy. Wiesbaden: 469-479.

Braun, Rüdiger (2008): Fitra und Fides – Glaubensvergewisserung und Alteritätsdenken im muslimischen Dialog mit dem Christentum. Erlangen-Nürnberg.

De Boer, T. J. (1967): The History of Philosophy in Islam. New York.

Fakhry, Majid (1983): A History of Islamic Philosophy. London.

Iqbal, Muhammad (o. J.): The Development of Metaphysics in Persia. A Contribution to the History of Muslim Philosophy. Lahore.

Miskawayh (2002): The Refinement of Character. Chicago.

Sauhan, Müfit Selim (2008): God in Ibn Miskawayh's Thought. In: Hamdard Islamicus Vol. XXXI (3): 35-43.

Turki, Mohamed (2015): Einführung in die arabisch-islamische Philosophie. München.

Watt, W. Montgomery; Marmura, Michael (1985): Der Islam II. Politische Entwicklungen und theologische Konzepte. Stuttgart.

Watt, Montgomery Watt (2004): Islamic Philosophy and Theology. Edinburgh.

Weinkauf, Wolfgang (2012): Die Philosophie der Stoa. Ausgewählte Texte. Stuttgart.

Yousefi, Hamid Reza (2013): Die Bühne des Denkens. Neue Horizonte des Philosophierens. Münster.

Yousefi, Hamid Reza (2014): Einführung in die islamische Philosophie. Eine Geschichte des Denkens von den Anfängen bis zur Gegenwart. Paderborn.

Ibn Miskawayh – der Ethiker
Mahdi Esfahani

Abū ʿAlī Miskawayh (gest. 1030) war ein Geschichtsschreiber, Philosoph, Arzt und Literat. Sein Name wird in der persischen Sprache Muskūyeh und in der arabischen Sprache überwiegend Miskawayh ausgesprochen und geht auf eine kleine Ortschaft in der Nähe der Stadt Ray zurück, die sich im Süden des heutigen Teheran befindet (AL-ḤAMAWĪ 1993: 543f.). Allgemein ist er auch unter dem Namen Ibn Miskawayh bekannt, d. h. Sohn des Miskawayh, obwohl er sich selbst in mehreren seiner Schriften, wie z. B. in *al-ʿAql wa al-maʿqūl* [269] und *aš-Šawāmil* [270] als Abū ʿAlī Muskūyeh bezeichnete, was darauf hindeutet, dass Muskūyeh nicht unbedingt der Name seines Vaters gewesen sein muss. Im weiteren Verlauf dieses Artikels werde ich korrekterweise sein Teknonym Abū ʿAlī benutzen (IMĀMĪ 1367h.: 56).

Sein genaues Geburtsjahr ist nicht bekannt, jedoch schrieb er in seinem Werk *Taǧārub al-ʾumam*[271], dass er eine Zeit lang ein Gefährte von Abū Muḥammad Mihlabī war, einem Minister von „Muʿizz ad-Daula" (reg. 945-967), der als erster Emir der schiitischen Buyiden im Irak regierte (MUSKŪYEH 1914: 132, 137f.). Die Ministerzeit von Mihlabī dauerte von 950 bis 963, woraus man schließen kann, dass Abū ʿAlī ungefähr um das Jahr 932 herum geboren wurde, d. h. er wurde nach diesen Angaben ca. 100 Jahre alt (IMĀMĪ 1367h.: 56). Im Folgenden werden einige wichtige Eck-

---

269 Wörtlich: „Der Verstand und das Verstandene".
270 Wörtlich: „Die Umfassenden".
271 Wörtlich: „Die Erfahrungen der Völker".

daten und Anekdoten aus seinem Leben wiedergegeben, um das Leben, Werk und Denken von Abū ʿAlī kurz zu umreißen.

Das Leben Abū ʿAlīs verlief in von politisch unruhigen Zeiten, die von den Kämpfen um die Vorherrschaft in den nahöstlichen Regionen des heutigen Irak und Iran geprägt waren. Als Vertrauter, Schatzmeister und Bibliothekar von „ʿAḍud ad-Daula" (reg. 949-983), dem Großsultan der Buyiden, hatte er Zugang zu den höchsten höfischen Kreisen der damaligen Zeit und konnte seine hohe Stellung am Hof der Buyiden auch über dessen Tod im Jahr 983 hinaus bewahren. Dem nachfolgenden Sultan „Ṣamṣām ad-Daula" (reg. 983-998), dem Sohn von „ʿAḍud ad-Daula", wurde er ebenso ein enger Gefährte und konnte damit weiterhin an den wissenschaftlichen Diskussionen, die seinerzeit regelmäßig am Hofe des Sultans stattfanden, teilnehmen. Die letzten Jahre seines Lebens verbrachte Abū ʿAlī schließlich in Isfahan, wo er auch starb und begraben wurde.

Zu seinen Lebzeiten traf er auf viele wirkungsmächtige Zeitgenossen und führte mit diesen einen regen wissenschaftlichen Austausch. Unter diesen befanden sich u. a. Abū Ḥayyān at-Tauḥīdī (923-1023), Abū Sulaimān as-Siǧistānī (931-1000) und nach einigen Angaben auch Ibn Sīnā (980-1037), wobei man hier zu berücksichtigen hat, dass, als Ibn Sīnā geboren wurde, Abū ʿAlī bereits 50 Jahre alt war. Einige Anekdoten berichten von den Begegnungen der beiden und schildern beispielsweise, wie der junge Ibn Sīnā, der von scharfem Verstand war, Abū ʿAlī eine Frage stellte, als dieser aber in seinen Augen nicht intelligent genug antwortete, ließ er ihn einfach stehen (QIFṬĪ 1903: 322). Eine andere Anekdote erzählt von einer Begebenheit, bei der Ibn Sīnā in einem Saal, in dem Abū ʿAlī gerade seinen Schülern Unterricht gab, ihm eine Walnuss entgegenwarf und sagte: „Messe die Oberfläche dieser Walnuss!" Abū ʿAlī erwiderte, indem er Bezug auf eine seiner Abhandlungen über die Ethik nahm: „Du solltest erst deine Moral verbessern, dann werde ich die Oberfläche dieser Walnuss berechnen. Denn die Verbesserung deiner Moral ist notwendiger als meine Berechnung dieser Oberfläche" (BAĪHAQĪ 1946: 27-29 u. 1351h.: 44).

Abū ʿAlī verfasste einige Abhandlungen und Bücher, von denen zehn publiziert wurden und mindestens sieben in Manuskriptform vorhanden sind (IMĀMĪ 1367h.: 58). Eines seiner wichtigsten Bücher, die es hier zu erwähnen gilt, ist das Werk *Tahḏīb al-aḫlāq wa tahārat al-aʿrāq*[272], das er im Bereich der Moralphilosophie schrieb und bis heute mehrmals in Indien, Kairo, Istanbul und Beirut publiziert wurde. Es beinhaltet seine Gedanken über die praktische Philosophie, die in der islamischen Tradition unter dem Begriff *al-ḥikma al-ʿamalīya*, wörtlich *die praktische Weisheit*, behandelt wird. Ein weiteres wichtiges Werk ist *al-Fauz al-aṣġar*[273], welches einmal in Beirut im Jahr 1901, in Kairo im Jahr 1907 und in Teheran zusammen mit der Abhandlung *Fauz as-saʿāda*[274] im Jahr 1896 veröffentlicht wurde.

Beide Werke, d. h. *Tahḏīb al-aḫlāq wa tahārat al-aʿrāq* und *al-Fauz al-aṣġar*, bilden die Grundlage für die weiteren Ausführungen dieses Artikels zu Abū ʿAlīs Ansichten und Lehrmeinungen. Hierbei wird in einem ersten Schritt ein kurzer Überblick über Abū ʿAlīs Darstellung des menschlichen Wesens und der menschlichen Seele gegeben, gefolgt von einer damit einhergehenden moralphilosophischen Betrachtung und Problembehandlung anhand der beiden erwähnten Werke. Danach wird das Thema der Vollkommenheit des Menschen und seiner Glückseligkeit in dem Werk *Tahḏīb al-aḫlāq* näher beleuchtet. Im letzten Kapitel

---

272 Wörtlich: „Die Reinigung der Moral und die Läuterung der Adern".
273 Wörtlich: „Der kleinste Erfolg".
274 Wörtlich: „Der Erfolg der Glückseligkeit".

dieses Artikels schließt sich eine Diskussion über die Umdeutung der griechischen Philosophie im Denken von Abū ʿAlī an.

Abū ʿAlī ist in seiner philosophischen Betrachtungsweise stark von Aristoteles (384-322 v. Chr.) und Platon (428/427-348/347 v. Chr.) beeinflusst, sodass sich ihre Positionen in seinen Darstellungen und Diskussionen wiederfinden lassen und er darin manchmal aristotelisch, manchmal platonisch argumentiert. Aber auch die Einflüsse anderer griechischer Philosophen wie Sokrates (469-399 v. Chr.), Galenos (131-215), Pythagoras (570-510 v. Chr.), Porphyrius (233-305) und Proklos (412-485) lassen sich in seinem Werk nachweisen, insbesondere in den Abhandlungen *Tahḏīb al-aḫlāq* und *al-Fauz al-aṣġar*, in denen er zuweilen auch kritisch mit deren Meinungen umgeht. Von seiten der islamischen Tradition beruft er sich auf Philosophen wie al-Kindī (gest. 873), Abū ʿUṯām ad-Dimašqī (gest. 914) und Abū al-Ḥasan al-ʿĀmirī (gest. 992) und bezieht in seinen Darstellungen zur Metaphysik und zur Moralphilosophie auch Koranverse und Überlieferungen des Propheten und anderer wichtiger islamischer Persönlichkeiten ein. Grundsätzlich ist er der Meinung, dass die rationalen Bemühungen der Philosophen zu dem gleichen Ergebnis führen können wie es die Botschaft des Propheten tut, sodass er die Philosophie und die Offenbarung – von ihrem Ergebnis und Ziel her betrachtet – als etwas Gleichwertiges ansieht. In *al-Fauz al-aṣġar* betont er, dass derjenige, der seine Seele reinhält und sie vervollkommnet und unter die Herrschaft des Intellekts bringt, jene Stufen erreichen wird, die die Philosophen erreicht haben (MUSKŪYEH 1349h.: 17-18). Diese Stufen seien das, wozu die Propheten die Menschheit eingeladen haben, und bedeuten schließlich nichts anderes als die Hingabe und die Begegnung mit Gott in seiner absoluten Einheit. Der vollkommene Mensch, der diese Stufen erreicht hat, ist dann auch in der Lage, der Welt Gerechtigkeit zu bringen (IMĀMĪ 1367h.: 59).

Über die menschliche Seele und die Prophetie

Das Werk *al-Fauz al-aṣġar* gliedert sich in drei große Abschnitte. Der erste Abschnitt widmet sich der Metaphysik und Theologie, welche nicht Gegenstand unserer Ausführungen sein werden. Der zweite Abschnitt befasst sich mit der menschlichen Seele und der Auferstehung und der dritte Abschnitt spricht über die Prophetie. Diese beiden letzten Abschnitte werden uns im Folgenden weiter beschäftigen.

Der zweite Abschnitt ist in zehn kurze Kapitel unterteilt, von denen das erste Kapitel mit einem Beweis beginnt, der davon ausgeht, dass die menschliche Seele nicht etwas Materielles bzw. Körperliches ist, was in ähnlicher Form auch in dem Werk *Tahḏīb al-aḫlāq* zum Ausdruck kommt (MUSKŪYEH 1435h.: 29).

Um nun eine bessere Vorstellung davon zu erlangen, wie Abū ʿAlī die menschliche Seele als Hauptgegenstand der Moralphilosophie begreift, werden wir an dieser Stelle kurz auf seine diesbezügliche Argumentation eingehen. So sagt er, dass, wenn ein Körper eine bestimmte Form annimmt, dieser nicht gleichzeitig auch eine andere Form besitzen kann. Als Beispiel erwähnt er ein Stück Silber, das zu einer Schale verarbeitet wurde und dementsprechend kein Messer sein kann. Im Gegensatz dazu nimmt die menschliche Seele in ihrem Verständnisprozess die Formen von all jenen Sachen an, die sie kennt, und dies tut sie gleichzeitig, was bedeutet, dass die menschliche Seele kein materielles oder körperliches Wesen sein kann (MUSKŪYEH 1349h.: 37-38).

Die Argumentation von Abū ʿAlī folgt hier eindeutig einem aristotelischen Verständnis von der Struktur der Wahrheit und dem Prozess des Verstehens. Gemäß dieser aristotelischen Vorstellung bedeutet Verstehen die Verwirklichung von den Formen der verstandenen Sachen in der Seele des Verstehenden, da der Mensch als Mikrokosmos potenziell alle Formen von jeglichem Seienden in sich selbst trägt und beinhaltet. Der Verständnisprozess von einem Gegenstand, der eine besondere Form hat (hier in der philosophischen Bedeutung von Form), stellt eine Bewegung dar, die von der Potenzialität der Seele, in der diese bestimmte Form angelegt ist, ausgeht und sich hin zu der Aktualisierung dieser Form in der Seele bewegt. Abū ʿAlī argumentiert, dass demzufolge die Aktualisierung von allen verstandenen Formen in der Seele für etwas Materielles unmöglich ist. Aus diesem Grund kann die menschliche Seele nichts Materielles sein.

Im Kapitel 5 beschreibt Abū ʿAlī die menschliche Seele als eine lebendige und ewige Substanz, so dass sie nicht nur ewig und lebendig ist, sondern vielmehr den Grund bildet für das Leben jeder Materie, die mit ihr in Verbindung steht. Hierdurch beschreibt er auch, warum nach dem Tod, d. h. der Trennung von Seele und Körper, der menschliche Körper zusammenbricht und verwest (MUSKŪYEH 1349h.: 53-55). Dies ist insofern wichtig zu sagen, da die gesamte Ethik von Abū ʿAlī auf dem Gedanken basiert, dass die menschliche Seele ewig ist. Denn für ein ewiges Wesen ist eine andere Moral bzw. Ethik notwendig als für ein Wesen, das nur 100 Jahre lebt und dann stirbt.

Im sechsten Kapitel seines Buches beschreibt er dann die Gedanken von Platon, Proklos und Galenos in Bezug auf die Ewigkeit der Seele (MUSKŪYEH 1349h.: 56-58).

Im Kapitel 8 beginnt Abū ʿAlī seine Diskussion über die Glückseligkeit, was noch einmal die aristotelischen Einflüsse auf sein Denken und Werk unterstreicht. Er behauptet hier, dass die menschliche Seele eine Qualität in Richtung der Vollkommenheit besitzen kann, die man Glückseligkeit nennt. Eine andere Qualität, die sie ebenso besitzt, weist in Richtung der Unvollkommenheit und wird Unglückseligkeit genannt. Demzufolge kann sich die menschliche Seele in beide Richtungen bewegen. Eine dieser Bewegungen findet in der menschlichen Seele in Richtung des ersten Intellekts statt, welcher als das erste Geschöpf Gottes begriffen wird. Die zweite Bewegung geht nach außen, immer weiter weg vom Intellekt. Abū ʿAlī ist der Meinung, dass die Weisen und Philosophen die beiden Richtungen als oben und unten definiert haben, während die Religion von *yamīn* und *šimāl* spricht, d. h. von rechts und links. Die erste Bewegung, die die menschliche Seele in Richtung ihres Schöpfers bringt, wird Glückseligkeit genannt. Die andere Bewegung, die die menschliche Seele von ihrem Wesen herausbringt und vom Intellekt entfernt, wird Unglückseligkeit oder *šaqāwa* genannt (MUSKŪYEH 1349h.: 63). An dieser Stelle muss darauf hingewiesen werden, dass diese Definition von Glückseligkeit nicht der aristotelischen Denkweise entspricht. Was hier als Glückseligkeit bezeichnet wird, ist eine deutsche Übersetzung für den arabischen Begriff *saʿāda*, welcher sowohl im *Qurʾān* als auch in anderen islamischen Traditionen vorkommt. Derselbe Begriff wurde für die Übersetzung des griechischen Begriffes *eudaimonía* ins Arabische benutzt. Das Wort *eudaimonía* ist ein Kompositum aus der Vorsilbe *eu* und dem Wort *daimon* und bedeutet ein Leben, das von den guten Göttern geprägt ist (CHANTRAINE 2009: 236f.). Aristoteles hat entsprechend seines Ansatzes versucht, alle mythologisch antiken Gedanken rational zu interpretieren, womit er in der Nachfolge seines Lehrers Platon stand, um eine selbstständige, von Göttern unabhängige Definition für diesen Begriff vorzustellen. In der nikomachischen Ethik definiert er Glückseligkeit als eine besondere Form der Tätigkeit der Seele. So schrieb er: „Das oberstte dem Menschen erreichbare Gut stellt sich dar als eine Tätigkeit der Seele im Sinne der ihr wesenhaften Tüchtigkeit" (ARISTOTELES 1969: 17). Ebenfalls betonte er später in demselben Buch, dass „das Glück eine bestimmte Tätigkeit der Seele im Sinne der Gutheit (aretē) ist, die ein abschließendes (teleios) Ziel darstellt" (ARISTOTELES 2013: 69). Wie anhand der beiden Zitate zu erkennen ist, versucht Aristoteles den Begriff *eudaimonía* innerhalb seines philosophischen Systems und nicht unbedingt in direkter Verbindung mit dem ersten Beweger, der auch ein Teil seiner Metaphysik ist, zu definieren, obwohl so eine Verbindung letztendlich in seinem System unumgänglich erscheint. Im Vergleich dazu sehen wir bei Abū ʿAlī, dass er, nachdem er die aristotelisch-philosophische Grundlage für die menschliche Seele und ihre Bewegung festgelegt hat, am Ende den ersten Intellekt und seine Verbindung zu Gott mit dem Ziel der Ethik direkt verknüpft, d. h. die Glückseligkeit mit Gott in Richtung der Vollkommenheit in Verbindung setzt.

Im zehnten Kapitel von *al-Fauz al-aṣġar* diskutiert er den Zustand der menschlichen Seele nach ihrer Trennung vom Körper und beschreibt darin ihre Glückseligkeit in diesem Zustand. An einer späteren Stelle dieses Kapitels, an der er die Widerspenstigkeit gegenüber den Befehlen des Intellektes thematisiert, nennt er den menschlichen Intellekt den „ersten göttlichen Propheten, welcher zur Menschheit gesandt worden ist" (MUSKŪYEH 1349h.: 82). Hierin zeigt sich, welche grundsätzliche Position und Bedeutung der Intellekt in der philosophisch-theologischen Denkweise von Abū ʿAlī einnimmt.

Der dritte Abschnitt seines Buches hat, wie bereits erwähnt, die Prophetie zum Thema. Wir kommen hier darauf zu sprechen, weil Abū ʿAlī die höchste Verwirklichung in der Zielausrichtung der Ethik im Wesen der Propheten sieht. So sind in seinen Augen die Propheten diejenigen, die auch moralisch den höchstmöglichen

Rang erreicht haben. Im dritten Kapitel dieses Abschnittes beschreibt er, wie sich die menschliche Seele durch die fünf verschiedenen Formen der Sinneswahrnehmung zur Welt öffnet und durch das Verstehen der Welt – welches mit der Sinneswahrnehmung beginnt und durch die Verwirklichung der verstandenen Formen in immer höheren Stufen der menschlichen Seele endet – ebenso immer höhere Stufen der Vollkommenheit erreichen kann. Am Ende wandelt sich die menschliche Form zu der Form des vollkommenen Menschen, da der Mensch die Formen der tatsächlichen Welt in sich selbst festgestellt hat. Die Wahrheit entgeht nicht und wird nicht durch die Zeit verändert. Wenn aber die menschliche Seele diese Stufe erreicht, ist sie nicht nur ein Mensch, sondern ein ehrwürdiger Engel (MUSKŪYEH 1349h.: 99f.).

Im vierten Kapitel dieses Abschnittes wendet er sich der Offenbarung zu. Er schreibt hier, dass, wenn eine menschliche Seele eine der oben genannten höheren Stufen erreicht, sie unbedingt zu einer der beiden folgenden Möglichkeiten gehört: Entweder tat sie dies durch eine innere Entwicklung, sodass sich in ihr alle Tatsachen und die Wahrheit zeigen, oder die Wahrheit selbst hat sich ihr nahegebracht, was man als Offenbarung bezeichnet (MUSKŪYEH 1349h.: 101).

Im restlichen Teil dieses Abschnittes geht Abū ʿAlī weiter auf die Propheten und den Unterschied zwischen Prophetie und Magie ein und behandelt die Frage nach den gesandten bzw. nicht gesandten Propheten sowie noch einige andere dazugehörige Themen, die nicht im direkten Zusammenhang mit dem Gegenstand dieses Artikels stehen.

Der Unterschied zwischen Gut und Glückseligkeit

Der Versuch, zwischen Gut und Glückseligkeit klar zu unterscheiden, stammt von Platon und ist auch Gegenstand der nikomachischen Ethik bei Aristoteles. Das erste Buch der nikomachischen Ethik versucht, das Glück bzw. die Glückseligkeit als das beste Gute darzustellen. Dieser Versuch setzt aber voraus, dass das Gute etwas sei, während die Glückseligkeit die beste Form davon darstellt (ARISTOTELES 2013: 43). Auch wenn wir uns hier nicht näher mit diesem Gedanken von Aristoteles und seiner damit einhergehenden Kritik an Platon beschäftigen können (vgl. ARISTOTELES 2013: 49), so ist es dennoch in unserem Zusammenhang wichtig, darauf hinzuweisen, dass der Versuch, einen Unterschied zwischen Gut und Glückseligkeit zu machen, auf eine platonisch-aristotelische Tradition zurückgeht.

Das dritte Kapitel von *Tahḏīb al-aḫlāq* trägt den Titel *al-Farq baina-l-ḫair wa-s-saʿāda*, zu Deutsch *Der Unterschied zwischen Gut und Glückseligkeit* (MUSKŪYEH 1435h.: 83). Abū ʿAlī betont darin, dass das Gute das höchste Ziel sei, wonach alles strebt, während „die Glückseligkeit das Gute in Bezug auf eine Person und ihre Vollkommenheit ist" (MUSKŪYEH 1435h.: 83). Diese Definition zeigt, dass Abū ʿAlī dem Begriff der Glückseligkeit, wie er sich bei Aristoteles darstellt, eine besondere Relativität zuschreibt, weshalb er klar zwischen der Glückseligkeit einer Person und dem Guten als eine absolut höchste Form einer übergreifenden Vollkommenheit unterscheidet. So sagt er, dass „die Glückseligkeit deshalb eine Form von Gut ist, da das Glück des Menschen anders ist als das des Pferdes. Das Glück von jedem Ding liegt in seiner Vollendung und Vollkommenheit, die ihm besonders zugehörig ist. (…) Glückseligkeit ist also eine gewisse Form des Guten in Bezug auf verschiedene Personen. (…)

Das absolut Gute ist nicht umstritten (...), während Glückseligkeit für jedes einzelne Wesen etwas Unklares und Umstrittenes bleibt" (MUSKŪYEH 1435h.: 83). In demselben Kapitel schreibt er weiter, dass „Gott, erhaben ist Er, die allerhöchste Form von Gut ist. Deshalb bewegen sich alle Dinge sehnsüchtig in seine Richtung" (MUSKŪYEH 1435h.: 85). Hier sieht man, dass Abū ʿAlī seinen ethischen Gedanken ein theologisches Ziel zu geben versucht, indem er Gott als die höchste Form der Vollkommenheit betrachtet. Glückseligkeit, die sich schließlich für jede Person und jedes Seiende anders gestaltet, was ja auch Gegenstand ethischer Untersuchungen ist, definiert er als einen inneren Zustand desjenigen Seienden, das in seiner besonderen Art und Weise unterwegs zu dieser Vollkommenheit ist. Das heißt mit anderen Worten: Ethik beschreibt das, was Glückseligkeit ist. Letztlich besitzt jeder, der in seiner Art und Weise glückselig ist, diese Eigenschaft, indem er auf dem Weg zu dem absolut Guten ist. Genau dieser Zustand der individuellen Form, gerecht unterwegs zu dem absolut Guten zu sein, ist die wahre Glückseligkeit.

An einer anderen Stelle beschreibt Abū ʿAlī, dass Aristoteles von fünf verschiedenen Formen der Glückseligkeit gesprochen hat (MUSKŪYEH 1435h.: 86). Die erste ist die Gesundheit des Körpers und alles, was dazu gehört. Die zweite Form ist der finanzielle Wohlstand, das heißt, dass man genug Geld hat, um für sich selbst zu sorgen und anderen damit zu helfen. Die dritte Form der Glückseligkeit ist der gute Ruhm unter den Mitmenschen. Die vierte Form des Glücks ist, wenn man fähig ist, seine Wünsche erfüllen zu können, und die Möglichkeit hat, das, was man denkt, auch zu verwirklichen. Die fünfte Form ist, „wenn man eine gute Ansicht hat, richtig denkt und die richtigen Überzeugungen in seiner Religion und anderen Angelegenheiten hat" (MUSKŪYEH 1435h.: 86). Nach der Ansicht von Aristoteles kann also nur derjenige wahrhaft glückselig sein, in dessen Leben sich all diese fünf Formen der

Glückseligkeit verwirklichen. Diesen Gedanken vergleicht Abū ʿAlī auch mit den Vorstellungen von Glückseligkeit bei Pythagoras, Platon und anderen Philosophen. So sei zum Beispiel Platon der Meinung, dass die Glückseligkeit nur ein Zustand der Seele ist, d. h. glückselig ist derjenige, der die vier bekannten Eigenschaften und Kardinaltugenden *ḥikma* (Weisheit), *šaǧāʿa* (Mut bzw. Tapferkeit), *ʿadāla* (Gerechtigkeit) und *ʿiffa* (Anständigkeit bzw. Besonnenheit) besitzt. Nach Platon ist nichts weiter vonnöten, sei es innerhalb oder außerhalb des Körpers. Das heißt, derjenige, der diese Tugenden besitzt, ist glückselig, auch wenn er krank, verstümmelt und arm ist.

Bevor nun Abū ʿAlī sein eigenes Verständnis von der Glückseligkeit präsentiert, diskutiert er hierzu noch die Gedanken der Stoa und anderer philosophischer Strömungen (MUSKŪYEH 1435h.: 86ff.). Daran lässt sich erkennen, dass Abū ʿAlī sich verpflichtet sah, die wissenschaftlichen und philosophischen Diskussionen, die in der Vergangenheit bereits zu einem Thema geführt wurden, in seine Betrachtungen einzubeziehen und als Voraussetzung zu nehmen, um darauf schließlich seine eigenen Gedanken aufzubauen und zu begründen, ohne dabei aber die Meinungen der anderen bloß zu wiederholen. In Bezug auf die Glückseligkeit geht er nun davon aus, dass der Mensch zwei Formen von Tugenden besitzt: Einmal die geistigen Tugenden, wodurch er den reinen Geistern, die Engel genannt werden, ähnelt, sowie die körperlichen Tugenden, die ihn dem Tier ähnlich machen. Er sagt, dass der Mensch aufgrund seiner körperlichen Beschaffenheit für eine Zeit lang ein Bewohner dieser niederen Welt ist, in der er baut, organisiert und versucht, diese in Ordnung zu bringen, bevor er dann in eine höhere Welt umzieht und aufsteigt. In dieser Welt verweilt er für ewig und wird, insofern er sich vervollkommnet hat, zu einem Gefährten der Engel. Dabei betont er aber, dass, „wenn wir von einer höheren Welt sprechen, wir nicht eine Höhe im örtlichen Sinn meinen, die man durch die Sinnesorgane wahrnimmt, und wenn wir von einer niederen Welt sprechen, nicht ein Ort gemeint ist, den unsere Sinnesorgane als niedrig wahrnehmen. Vielmehr ist jedes sinnlich wahrnehmbare Seiende niedrig, auch wenn es an einem höheren Ort wahrgenommen wird, während alles Seiende, das durch den Intellekt wahrgenommen wird, von Höhe ist, auch wenn man es an einem niedrigen Ort wahrnimmt" (MUSKŪYEH 1435h.: 88). Daraus folgt, dass die reinen Geister, die den Körper verlassen haben, das Wohlbefinden des Körpers oder das, was man als materielle Glückseligkeit bezeichnet, nicht benötigen. Die einzige Glückseligkeit für die Geister in diesem Zustand sind die rationalen Tatsachen, die durch den Intellekt wahrgenommen werden, wodurch aus ihnen die wahren Weisheiten hervorgehen.

Nachdem Abū ʿAlī diese Schilderung des menschlichen Wesens beendet hatte, beschreibt er im weiteren Verlauf, dass die Glückseligkeit für ihn in dieser Welt beide Aspekte beinhalten muss. Ein Mensch, der nur durch seinen Körper glückselig ist, kann seiner Meinung nach nicht wahrhaft glückselig sein. Auch wenn die Glückseligkeit in dieser Welt eine körperliche Glückseligkeit bedeutet, ist es letzten Endes so, dass, wenn unsere Seele vom Körper befreit ist, nur diejenigen glückselig sind, die auch in ihrem Geist glückselig waren. Auf diese Weise schildert Abū ʿAlī seine Vorstellung vom vollkommenen Menschen. In einer fast poetischen und bewegenden Sprache beschreibt er den inneren Zustand einer solchen Person, die nach seinem Verständnis diese höchste Stufe der Vollkommenheit und Glückseligkeit erreicht hat. So betrachtet der Glückselige alle guten Dinge, die im Zusammenhang mit seinem Körper, seinem Vermögen und anderen Erscheinungsformen dieser Welt, die als Zeichen der Glückseligkeit des Körpers Geltung haben, nur insofern als notwendig, als dass sie dafür da sind, die unabdingbaren Bedürfnisse seines Körpers zu stillen. Denn schließlich ist er nur eine Weile mit seinem Körper verbunden und kann sich von ihm nicht lossagen, bis Gott dies will. Alles andere, das über die notwendige Bedürftigkeit des Körpers hinausgeht, ist ein Mehr, das für ihn nicht von Belang ist. Der Glückselige ist „derjenige, der nichts tut außer das, was Gott von ihm erwartet. Er entscheidet sich für nichts, außer was ihn näher zu Gott bringt. Er widersetzt sich ihm nicht aufgrund irgendwelcher Gelüste seinerseits. (…) Er ist derjenige, der weder beim Verlust seiner Geliebten schwermütig wird noch beim Verlorengehen seiner Gesuchten grimmig" (MUSKŪYEH 1435h.: 90).

Die Umdeutung der griechischen Philosophie in den Gedanken Abū ʿAlīs

Die orientalistische Forschung und die Geschichtsschreibung der Philosophie in der westlichen Tradition neigen dazu, die islamische Philosophie als eine reine Übersetzung und Wiederholung der griechischen Gedankenwelt zu verstehen und als solche zu interpretieren. Hierin liegt auch ein entscheidender Grund dafür, warum die islamische Philosophie nach Ibn Rušd (1126-1198), zumindest bis heute, in der westlichen Forschung nicht genügend Berücksichtigung gefunden hat. Wenn man die Vielfalt an Forschungen, Studien, Artikeln, Büchern, Workshops, Tagungen und anderen wissenschaftlichen Formaten, die sich der Geschichte der islamischen Philosophie von ihren Anfängen bis Averroes widmen, mit der übrigen Geschichte der islamischen Philosophie vergleicht, so könnte man den Eindruck gewinnen, dass die westlichen Forscher nach Averroes keine weiteren interessanten Persönlichkeiten mehr gefunden haben, die es sich lohnt, näher zu untersuchen.

Eine weitere mögliche Erklärung hierfür liegt sicherlich auch in der Tatsache, dass dieser Teil der islamischen Philosophiegeschichte für das Verständnis und die Entwicklung der mittelalterlichen Philosophie und Mystik in Europa von besonderer Bedeutung war und ist, da zentrale Figuren wie Albertus Magnus (1200-1280), Thomas von Aquin (1225-1274) und andere Denker des Mittelalters auf philosophische Texte zurückgriffen, die in jener Zeit aus der arabischen Sprache ins Lateinische übersetzt worden sind. Dementsprechend betrachten die westliche Tradition und insbesondere die Orientalistik diesen Teil der islamischen Geistesgeschichte als Teil ihrer eigenen Entstehungsgeschichte.

Jedenfalls gilt es für uns zu unterstreichen, dass das philosophische Denken innerhalb der islamischen Tradition wie bei al-Fārābī (874-950), Ibn Sīnā, Abū ʿAlī Miskawayh und anderen islamischen Philosophen zwar vom Denken der alten Griechen beeinflusst wurde, jedoch in einer Art und Weise, dass es weder als bloße Wiederholung der griechischen Philosophie gelten kann noch als reine Theologie zu begreifen ist. Vielmehr zeigt sich darin eine bewusste Auswahl an verschiedenen Denkmöglichkeiten, die auf die griechische Philosophie zurückgehen, und ein damit einhergehender Versuch, diese innerhalb einer islamischen Struktur anzuwenden, zu verstehen und dementsprechend weiterzuentwickeln. Wenn wir hier von einer islamischen Struktur sprechen, meinen wir aber nicht etwas, das bspw. von der Scharia, d. h. der islamischen Gesetzgebung geprägt ist, sondern vielmehr von den Grundzügen des islamischen Denkens wie z. B. der Harmonie zwischen Intellekt und Religion, der Ewigkeit der Seele, dem freien Willen des Menschen in seiner Selbstbestimmung und ähnlichen Richtlinien, die eine rationale Grundlage besitzen, durch die der Islam bestimmt ist.

In diesem Rahmen versuchen wir nun im letzten Teil dieses Artikels anhand einiger Beispiele, die Unabhängigkeit im moralphilosophischen Denken Abū ʿAlīs aufzuzeigen. Wie oben bereits erwähnt, handelt es sich bei ihm nicht um eine Wiederholung des griechischen Gedankengutes, sondern um eine Umdeutung und Weiterentwicklung desselben, so dass er eine neue Richtung einschlägt, die mit den islamischen Grundzügen im Einklang steht. Als ein allgemeines Prinzip benutzt Abū ʿAlī in seinen Werken – wie auch andere islamische Philosophen – eine Argumentationsstruktur, die auf Platon oder Aristoteles zurückgeht, während er diese gleichzeitig mit zahlreichen Inhalten aus dem *Qurʾān* und den prophetischen Überlieferungen in Verbindung bringt. So sehen wir zum Beispiel im ersten Kapitel von *Tahḏīb al-aḫlāq* eine Schilderung der menschlichen Glückseligkeit als eine goldene Mitte, so wie sie in der nikomachischen Ethik von Aristoteles vorkommt. Ähnlich wie Aristoteles ist er der Meinung, dass die Glückseligkeit ein Zustand der Seele ist, der sich unter verschiedenen Bedingungen in der Mitte von zwei Extremen befindet. Bei der Beschreibung dieser Extremen begegnen wir auch immer wieder *Qurʾānversen* und Überlieferungen. In seiner Darstellung vom höchsten Zustand der Seele gibt Abū ʿAlī an, dass derjenige, der die goldene Mitte erreicht hat, derjenige ist, der seine Seele gereinigt hat. Als Beispiel für einen solchen Zustand, wie er auch im *Qurʾān* beschrieben wird, zitiert er folgenden Vers: *Und niemand weiß, welche Freuden für sie im Verborgenen bestimmt sind als Lohn für das, was sie zu tun pflegten (23:12).* Auf diesen Zustand geht er noch näher ein, und zwar mit Worten, die aus einer prophetischen Überlieferung stammen, indem er sagt, dass solche Menschen, die in diesem Sinne glückselig waren, Gott begegnen würden, während sie ewige Wohltaten genießen – Wohltaten, die schließlich kein Auge gesehen, kein Ohr gehört und kein Herz bzw. kein Mensch je erlebt habe (MUSKŪYEH 1435h.: 36).

Wie sich an dem Beispiel zeigt, sieht Abū ʿAlī die gesamte rationale aristotelische Struktur in der islamischen Denkweise absorbiert, weshalb es für ihn auch kein Problem zu sein scheint, die goldene Mitte als Ergebnis der Glückseligkeit im Sinne von Aristoteles mit einem Vers aus dem *Qurʾān* oder einer Überlieferung des Propheten so zu beschreiben, als ob er keinen Unterschied zwischen dieser rationalen Herangehensweise und jenem religiösen Denkmodell sieht. In demselben Kapitel, in dem er die vier Kardinaltugenden detailliert zu beschreiben versucht, beginnt er ebenso mit einer Schilderung, die in vielerlei Hinsicht von religiösen Texten stammen könnte. Nach seiner Beschreibung der Tugenden verwendet er dort religiöse Begriffe wie zum Beispiel *kasb al-ḥalāl*[275], was ein rein islamischer Begriff ist, unter dem man eine Handlungsethik versteht, die bei jedem Schritt Gott und seine Zufriedenheit im Auge behält (MUSKŪYEH 1435h.: 44). An späterer Stelle, nachdem er alle möglichen Facetten der vier Kardinaltugenden beschrieben hat, betont Abū ʿAlī, dass die Dienerschaft Gottes und das Handeln gemäß den Regeln der Scharia und die damit verbundene Achtsamkeit gegenüber Gott die einzelnen Facetten der Kardinaltugenden vollendet und vervollkommnet (MUSKŪYEH 1435h.: 45).

Als ein weiteres Beispiel für seine Interpretation aristotelischer Grundgedanken dient hier zum Schluss seine Darstellung der These, dass der Mensch von seinem Wesen her der menschlichen Gesellschaft bedarf. Darunter versteht er, dass der Mensch nur innerhalb einer Gesellschaft Vollkommenheit erreichen kann. Er kritisiert damit die verschiedenen Formen des Mönchtums und untermauert gleichzeitig seine Kritik mit einer diesbezüglichen Überlieferung, in der der Prophet sagt, dass das Mönchtum innerhalb seines Volkes nichts anderes sei als das Kämpfen bzw. die Anstrengung für das wahre Leben (MUSKŪYEH 1435h.: 49). Aus diesem Grund stellt er auch die Frage, und damit wollen

---

275 Wörtlich: „Das Erwerben des Erlaubten".

wir unsere Ausführungen zu Abū ʿAlī abschließen: „Warum sollte ein vernünftiger Mensch, der sich selbst kennt, die Isolation und ein Leben in Einsamkeit wählen? (...) Diejenigen, die der Meinung sind, dass die Glückseligkeit aus einem isolierten Leben besteht, indem man die anderen Menschen verlässt und alleine lebt, egal in welcher Form, sei es durch das Einsiedeln in einer Höhle oder auf einem Berg, sei es durch das Einmauern in Klöstern in irgendwelchen Wüsten oder auch durch den Selbstrückzug in irgendwelchen Städten, sie werden keine dieser menschlichen Glückseligkeiten, die wir genannt haben, erreichen. Dies verhält sich so, weil derjenige, der sich nicht mit den Mitmenschen vermischt und nicht mit ihnen gemeinsam in den Städten lebt, in sich selbst nicht die Tugenden wie die der Besonnenheit, der Gerechtigkeit (...) verwirklichen kann. Vielmehr macht er seine Fähigkeiten und seine tiefgründigen Eigenschaften, die in ihm versteckt sind, einfach zunichte" (MUSKŪYEH 1435h.: 49).

Literatur

ARISTOTELES (Übers. von Dirlmeier, F.) (1969): Nikomachische Ethik. Stuttgart.
ARISTOTELES (Übers. von Wolf, U.) (2013): Nikomachische Ethik. Hamburg.
BAĪHAQĪ, ʿA. (1351h.): Tatimmat ṣiwān al-ḥikma. Lahore.
BAĪHAQĪ, ʿA. (1946): Tarīḫ ḥukamāʾ al-islām. Damaskus.
CHANTRAINE, P. (2009): Dictionnaire étymologique de la langue grecque. Paris.
AL-ḤAMAWĪ, Y. (1993): Muʿǧam al-buldān. Beirut.
IMĀMĪ, A. (1367h.): Abū ʿAlī Muskūyeh. In: Dāʾirat

al-maʿārif-i buzurg-i islāmī. Bd. 6. Teheran: 56-62.

KHOURY, A. Th. (2005): Der Koran – erschlossen und kommentiert von Adel Theodor Khoury. Düsseldorf.

MUSKŪYEH, A. (1914): Taǧārub al-ʾumam. Kairo.

MUSKŪYEH, A. (1349h.): al-Fauz al-aṣġar. Teheran.

MUSKŪYEH, A. (1435h.): Tahḏīb al-aḫlāq wa taṭhīr al-aʿrāf. Qom.

AL-QIFṬĪ, A. (1903): Tarīḫ al-ḥukamāʾ. In: LIPPERT, J. (Hrsg.): Ibn al-Qifṭī's Tarīḫ al-ḥukamāʾ. Leipzig.

Darstellung des *ersten Lehrers* Aristoteles

Muhammad Sameer Murtaza

Islam

Eine philosophische
Einführung und mehr...

Muhammad Sameer Murtaza lädt ein zu einer philosophischen Einführung in den Islam – orientiert an der ursprünglichen islamischen Botschaft, verständlich für moderne Menschen, kritisch gegenüber jeglicher Literalisierung, Ideologisierung, Liberalisierung und simpler Barmherzigkeitstheologie.

Vielmehr handelt es sich um eine auf der islamischen Ur-Kunde, dem *Qurʾān* basierende Darstellung des Islam, die sich ferner auf die große Tradition islamischer Gelehrsamkeit, Philosophie und Mystik stützt mit Blick auf den Menschen von heute.

Eine unbequeme und unzeitgemäße philosophische Reflektion, die Zeitgenossen eine ernst zu nehmende Interpretation des Islam liefert und damit einen bescheidenen Beitrag zur Aktualisierung des religiösen Wissens im Islam leistet und zugleich ganz im Sinne des Projektes Weltethos ein Gesprächsangebot an die anderen Weltreligionen ist.

Murad Wilfried Hofmann, Muhammad Sameer Murtaza und Ecevit Polat skizzieren anschaulich die Anfänge der Philosophie im Islam, die ihren ersten Höhepunkt mit dem Philosophen Al-Kindi fand.

"Zu denken heißt manchmal auch, sich zu irren. Daher sollten die Leserinnen und Leser diese Schriftreihe nicht blind konsumieren, sondern kritisch mitdenken, um so ihr eigenes Denken zu stimulieren. Gerade dann wird Philosophie unglaublichen Spaß machen. Man merke sich: Kein Philosoph hat jemals behauptet, sein Denken sei die Wahrheit." (Aiman Mazyek)